Italian Verb Conjugation Quick Reference

Drizzle
Books

Published by Drizzle Books in 2019
Copyright © Drizzle Books 2019

Publishing director: Baoyan Wu

ISBN: 978-0-9574115-1-7

CONTENTS

Introduction

This book is designed to help learners of Italian get to grips with its verb conjugation, which is often seen by non-native speakers as the most mind-boggling and daunting aspect of gaining command of the Italian language.

Unlike conventional verb references, which tend to introduce verbs individually without in-depth explanation of irregular formations, *Italian Verb Conjugation Quick Reference* presents verbs in **groups**, placing emphasis on highlighting the particular patterns, or rules, followed by verbs of the same group. Research and teaching experiences have shown that making comparisons and links between individual facts contribute to enhanced understanding and memorization. Learning words in groups is far more effective than tackling them one by one. Based on this knowledge, we have gone to great lengths to compile verb models and find out their patterns.

This book is formed of two major components:

107 Verb Tables Arranged in alphabetical order and all numbered to facilitate cross-reference, these verb tables summarize 107 types of conjugation exemplified by 107 model verbs. Irregular changes are highlighted in bold to illustrate specificities of the verb in question. Below the verb table, other verbs that follow the same pattern are listed. Some verbs, such as "dovere", are unique in their conjugation and no other verbs share the same pattern.

Verb Index The number (or numbers in certain cases) following each verb corresponds to that of the verb table to be refered to. For instance, if you want to know about "offrire" , the number "(6)" next to it indicates that "offrire" follows the pattern of regular model verb "aprire", whose table number is "6". If you want to find out about "dedicare", the number "(13)" next to it cross-refers you to verb table No. 13 where "cercare" is conjugated. Please note that the numbers next to the verbs refer to verb table numbers, not page numbers.

At the back of the book, **appendices** are provided to facilitate quick reference: conjugation examples illustrating how to form compound tenses, full conjugation of "avere", "essere" and reflexive verbs. The formation of Passive Voice (Forma Passiva) and a list of defective verbs are also included.

We hope that *Italian Verb Conjugation Quick Reference* will serve as a handy reference, helping students of Italian hone their skills and build confidence in using Italian verbs accurately.

Terminology

Below is a list of conjugation-related terms in Italian and their English translations:

Indicativo	Indicative
Presente	Present Tense
Passato Prossimo	Present Perfect
Imperfetto	Imperfect Tense
Passato Remoto	Preterite
Trapassato Prossimo	Past Perfect
Trapassato Remoto	Preterite Perfect
Futuro Semplice	Future Tense
Futuro Anteriore	Future Perfect
Congiuntivo	Subjunctive
Congiuntivo Presente	Present Subjunctive
Congiuntivo Imperfetto	Imperfect Subjunctive
Congiuntivo Passato	Present Perfect / Past Subjunctive
Congiuntivo Trapassato	Past Perfect Subjunctive
Condizionale	Conditional
Condizionale Presente	Present Conditional
Condizionale Passato	Past Conditional
Infinito	Infinitive
Imperativo	Imperative
Participio	Participle
Participio Passato	Past Participle
Participio Presente	Present Participle
Gerundio	Gerund
Verbi Riflessivi	Reflexive Verbs
Verbi Difettivi	Defective Verbs
Verbi Impersonali	Impersonal Verbs
Forma Passiva	Passive Voice

1. affiggere

INDICATIVO		CONGIUNTIVO
Presente	Passato Remoto	Presente
affiggo	affissi	affigga
affiggi	affiggesti	affigga
affigge	affisse	affigga
affiggiamo	affiggemmo	affiggiamo
affiggete	affiggeste	affiggiate
affiggono	affissero	affiggano
Imperfetto	Futuro Semplice	Imperfetto
affiggevo	affiggerò	affiggessi
affiggevi	affiggerai	affiggessi
affiggeva	affiggerà	affiggesse
affiggevamo	affiggeremo	affiggessimo
affiggevate	affiggerete	affiggeste
affiggevano	affiggeranno	affiggessero

CONDIZIONALE	IMPERATIVO	PARTICIPIO
Presente		Presente
affiggerei	-	affiggente
affiggeresti	affiggi	Passato
affiggerebbe	affigga	affisso
affiggeremmo	affiggiamo	GERUNDIO
affiggereste	affiggete	Presente
affiggerebbero	affiggano	affiggendo

Verbs that follow this model:

affiggere, crocifiggere, infiggere, prefiggere

1

2. amare

INDICATIVO		CONGIUNTIVO
Presente	**Passato Remoto**	**Presente**
amo	amai	ami
ami	amasti	ami
ama	amò	ami
amiamo	amammo	amiamo
amate	amaste	amiate
amano	amarono	amino
Imperfetto	**Futuro Semplice**	**Imperfetto**
amavo	amerò	amassi
amavi	amerai	amassi
amava	amerà	amasse
amavamo	ameremo	amassimo
amavate	amerete	amaste
amavano	ameranno	amassero

CONDIZIONALE	IMPERATIVO	PARTICIPIO
Presente		**Presente**
amerei	-	amante
ameresti	ama	**Passato**
amerebbe	ami	amato
ameremmo	amiamo	**GERUNDIO**
amereste	amate	**Presente**
amerebbero	amino	amando

☐ *amare* is a typical example of regular *-are* verbs.

3. andare

INDICATIVO		CONGIUNTIVO
Presente	Passato Remoto	Presente
vado	andai	**vada**
vai	andasti	**vada**
va	andò	**vada**
andiamo	andammo	andiamo
andate	andaste	andiate
vanno	andarono	**vadano**
Imperfetto	Futuro Semplice	Imperfetto
andavo	**andr**ò	andassi
andavi	**andr**ai	andassi
andava	**andr**à	andasse
andavamo	**andr**emo	andassimo
andavate	**andr**ete	andaste
andavano	**andr**anno	andassero

CONDIZIONALE	IMPERATIVO	PARTICIPIO
Presente		Presente
andrei	-	andante
andresti	**vai/va'**	Passato
andrebbe	**vada**	andato
andremmo	andiamo	GERUNDIO
andreste	andate	Presente
andrebbero	**vadano**	andando

Verbs that follow this model:

andare, malandare, riandare

3

4. annettere

INDICATIVO		CONGIUNTIVO
Presente	Passato Remoto	Presente
annetto	**annessi**/annettei	annetta
annetti	annettesti	annetta
annette	**annesse**/annetté	annetta
annettiamo	annettemmo	annettiamo
annettete	annetteste	annettiate
annettono	**annessero**/annetterono	annettano
Imperfetto	Futuro Semplice	Imperfetto
annettevo	annetterò	annettessi
annettevi	annetterai	annettessi
annetteva	annetterà	annettesse
annettevamo	annetteremo	annettessimo
annettevate	annetterete	annetteste
annettevano	annetteranno	annettessero

CONDIZIONALE	IMPERATIVO	PARTICIPIO
Presente		Presente
annetterei	-	annettente
annetteresti	annetti	Passato
annetterebbe	annetta	**annesso**
annetteremmo	annettiamo	GERUNDIO
annettereste	annettete	Presente
annetterebbero	annettano	annettendo

Verbs that follow this model:

annettere, connettere, deflettere, disconnettere, flettere, genuflettere, genuflettersi, interconnettere, riannettere, riconnettere, riflettere, sconnettere

5. apparire

INDICATIVO		CONGIUNTIVO
Presente	Passato Remoto	Presente
appaio	appar**vi**	**appai**a
appari	apparisti	**appai**a
appare	appar**ve**	**appai**a
appariamo	apparimmo	appariamo
apparite	appariste	appariate
appaiono	appar**vero**	**appai**ano
Imperfetto	Futuro Semplice	Imperfetto
apparivo	apparirò	apparissi
apparivi	apparirai	apparissi
appariva	apparirà	apparisse
apparivamo	appariremo	apparissimo
apparivate	apparirete	appariste
apparivano	appariranno	apparissero

CONDIZIONALE	IMPERATIVO	PARTICIPIO
Presente		Presente
apparirei	-	apparente
appariresti	appari	Passato
apparirebbe	**appai**a	appar**so**
appariremmo	appariamo	GERUNDIO
apparireste	apparite	Presente
apparirebbero	**appai**ano	apparendo

Verbs that follow this model:
apparire, comparire, disparire, riapparire, ricomparire, scomparire, trasparire

5

6. aprire

INDICATIVO		CONGIUNTIVO
Presente	Passato Remoto	Presente
apro	aprii/**apersi**	apra
apri	apristi	apra
apre	aprì/**aperse**	apra
apriamo	aprimmo	apriamo
aprite	apriste	apriate
aprono	aprirono/**apersero**	aprano
Imperfetto	Futuro Semplice	Imperfetto
aprivo	aprirò	aprissi
aprivi	aprirai	aprissi
apriva	aprirà	aprisse
aprivamo	apriremo	aprissimo
aprivate	aprirete	apriste
aprivano	apriranno	aprissero
CONDIZIONALE	IMPERATIVO	PARTICIPIO
Presente		Presente
aprirei	-	aprente
apriresti	apri	Passato
aprirebbe	apra	**aperto**
apriremmo	apriamo	GERUNDIO
aprireste	aprite	Presente
aprirebbero	aprano	aprendo

Verbs that follow this model:

aprire, coprire, discoprire, offrire, riaprire, ricoprire, riscoprire, scoprire, soffrire

7. ardere

INDICATIVO		CONGIUNTIVO
Presente	Passato Remoto	Presente
ardo	**arsi**	arda
ardi	ardesti	arda
arde	**arse**	arda
ardiamo	ardemmo	ardiamo
ardete	ardeste	ardiate
ardono	**arsero**	ardano
Imperfetto	Futuro Semplice	Imperfetto
ardevo	arderò	ardessi
ardevi	arderai	ardessi
ardeva	arderà	ardesse
ardevamo	arderemo	ardessimo
ardevate	arderete	ardeste
ardevano	arderanno	ardessero

CONDIZIONALE	IMPERATIVO	PARTICIPIO
Presente		Presente
arderei	-	ardente
arderesti	ardi	Passato
arderebbe	arda	**arso**
arderemmo	ardiamo	GERUNDIO
ardereste	ardete	Presente
arderebbero	ardano	ardendo

Verbs that follow this model:

ardere, demordere, mordere, riardere, rimordere

7

8. avere

(handwritten: io have / avei bisogno)

INDICATIVO		CONGIUNTIVO
Presente	Passato Remoto	Presente
ho	ebbi	abbia
hai	avesti	abbia
ha	ebbe	abbia
abbiamo	avemmo	abbiamo
avete	aveste	abbiate
hanno	ebbero	abbiano
Imperfetto	Futuro Semplice	Imperfetto
avevo	avrò	avessi
avevi	avrai	avessi
aveva	avrà	avesse
avevamo	avremo	avessimo
avevate	avrete	aveste
avevano	avranno	avessero

CONDIZIONALE	IMPERATIVO	PARTICIPIO
Presente		Presente
avrei	-	avente
avresti	abbi	Passato
avrebbe	abbia	avuto
avremmo	abbiamo	GERUNDIO
avreste	abbiate	Presente
avrebbero	abbiano	avendo

Verbs that follow this model:

avere, riavere

8

9. bere

INDICATIVO		CONGIUNTIVO
Presente	Passato Remoto	Presente
bevo	bevvi	beva
bevi	bevesti	beva
beve	bevve	beva
beviamo	bevemmo	beviamo
bevete	beveste	beviate
bevono	bevvero	bevano
Imperfetto	Futuro Semplice	Imperfetto
bevevo	berrò	bevessi
bevevi	berrai	bevessi
beveva	berrà	bevesse
bevevamo	berremo	bevessimo
bevevate	berrete	beveste
bevevano	berranno	bevessero

CONDIZIONALE	IMPERATIVO	PARTICIPIO
Presente		Presente
berrei	-	bevente
berresti	bevi	Passato
berrebbe	beva	bevuto
berremmo	beviamo	GERUNDIO
berreste	bevete	Presente
berrebbero	bevano	bevendo

10. cadere

INDICATIVO		CONGIUNTIVO
Presente	Passato Remoto	Presente
cado	cad**di**	cada
cadi	cadesti	cada
cade	cad**de**	cada
cadiamo	cademmo	cadiamo
cadete	cadeste	cadiate
cadono	cad**dero**	cadano
Imperfetto	Futuro Semplice	Imperfetto
cadevo	**cadr**ò	cadessi
cadevi	**cadr**ai	cadessi
cadeva	**cadr**à	cadesse
cadevamo	**cadr**emo	cadessimo
cadevate	**cadr**ete	cadeste
cadevano	**cadr**anno	cadessero

CONDIZIONALE	IMPERATIVO	PARTICIPIO
Presente		Presente
cadrei	-	cadente
cadresti	cadi	Passato
cadrebbe	cada	caduto
cadremmo	cadiamo	GERUNDIO
cadreste	cadete	Presente
cadrebbero	cadano	cadendo

Verbs that follow this model:

accadere, cadere, decadere, ricadere, scadere

11. capire *to understand*

INDICATIVO		CONGIUNTIVO
Presente	Passato Remoto	Presente
capisco	capii	capisca
capisci	capisti	capisca
capisce	capì	capisca
capiamo	capimmo	capiamo
capite	capiste	capiate
capiscono	capirono	capiscano
Imperfetto	Futuro Semplice	Imperfetto
capivo	capirò	capissi
capivi	capirai	capissi
capiva	capirà	capisse
capivamo	capiremo	capissimo
capivate	capirete	capiste
capivano	capiranno	capissero

CONDIZIONALE	IMPERATIVO	PARTICIPIO
Presente		Presente
capirei	-	capente
capiresti	capisci	**Passato**
capirebbe	capisca	capito
capiremmo	capiamo	**GERUNDIO**
capireste	capite	**Presente**
capirebbero	capiscano	capendo

☐ Regular *-ire* verbs can be divided into two groups, one of them following the pattern of *capire*, the other belonging to the group of *partire* .

Verbs that follow this model:
abbellire, abbrunire, abbrustolire, abbrutire, abbruttire, abolire, abortire, accanire, accanirsi, accudire, acquisire, acuire, addolcire, adempire, aderire, adibire, adire, affievolire, affiochire,

affittire, affluire, aggradire, aggranchire, aggredire, aggrinzire, agguerrire, agire, alleggerire, allestire, allibire, ambire, ammalinconire, ammannire, ammansire, ammattire, ammollire, ammonire, ammorbidire, ammoscire, ammuffire, ammutolire, annerire, annichilire, annuire, appassire, appesantire, appetire, appiattire, applaudire, appratire, approfondire, appuntire, ardire, arguire, arricchire, arrochire, arrossire, arrostire, arrugginire, asserire, asservire, assopire, assorbire, assordire, assortire, attecchire, atterrire, attribuire, attutire, aulire, autogestire, avvilire, avvizzire, azzittire, bandire, barrire, basire, bianchire, bipartire, blandire, bramire, brandire, brunire, campire, candire, capire, carpire, censire, cestire, chiarire, circuire, cogestire, colorire, colpire, compartire, compatire, compire, concepire, concupire, condire, conferire, confluire, contribuire, costituire, costruire, custodire, decostruire, deferire, definire, defluire, deglutire, demolire, deperire, destituire, differire, digerire, diluire, dimagrire, diminuire, dipartire, disacidire, disinibire, disinserire, disobbedire, disquisire, disseppellire, distribuire, disubbidire, disunire, eccepire, elargire, erudire, esaudire, esaurire, esercire, esibire, esordire, esperire, evoluire, fallire, farcire, favorire, ferire, finire, fiorire, fluire, forbire, fornire, frinire, fruire, funghire, garantire, garrire, gestire, ghermire, gioire, gradire, graffire, granire, gremire, grugnire, guaire, gualcire, guarire, guarnire, illanguidire, illeggiadrire, illividire, imbaldanzire, imbandire, imbarbarire, imbastardire, imbastire, imbecillire, imbellire, imbestialire, imbianchire, imbiondire, imbizzarrire, imbolsire, imbonire, imborghesire, imboschire, imbottire, imbrunire, imbruttire, imbufalire, immalinconire, immiserire, immucidire, immusonirsi, impadronirsi, impallidire, impartire, impaurire, impazientire, impazzire, impedantire, impedire, impensierire, impermalire, impettirsi, impiccolire, impidocchirsi, impietosire, impietrire, impigrire, impoltronire, impoverire, impratichire, impreziosire, impresciuttire, impuntire, imputridire, impuzzolentire, inacerbire, inacetire, inacidire, inaridire, inasinire, inasprire, incadaverire, incallire, incalorire, incanaglire, incancherire, incancrenire, incanutire, incaparbire, incaponirsi, incarnire, incarognire, incartapecorire, incatorzolire, incattivire, incenerire, incimurrire, incipollire, inciprignire, incitrullire, inciuchire, incivilire, incodardire, incollerire, incretinire, incrudelire, incrudire, incupire, incuriosire, incurvire,

indebolire, indispettire, indocilire, indolcire, indolenzire,
indurire, inebetire, inerire, infarcire, infastidire, infeltrire,
infemminire, inferire, inferocire, infetidire, infiacchire, infierire,
infingardire, infiochire, infiorentinire, infittire, influire, infoltire,
inforestierire, informicolirsi, infortire, infreddolire, infrigidire,
infrollire, infrondire, infurbire, ingagliardire, ingelosire,
ingentilire, ingerire, inghiottire, ingiallire, ingigantire, ingobbire,
ingoffire, ingolosire, ingracilire, ingrandire, ingrigire, ingrugnire,
inibire, innervosire, inorgoglire, inorridire, inquisire,
insalvatichire, insanire, insaporire, insavire, inscurire, insecchire,
inselvatichire, inserire, insignire, insolentire, insordire,
insospettire, inspessire, insterilire, instituire, instupidire,
insuperbire, intenerire, intepidire, interagire, interferire,
interloquire, intestardirsi, intiepidire, intimidire, intimorire,
intirizzire, intisichire, intontire, intorbidire, intormentire,
intorpidire, intoscanire, intristire, intuire, intumidire, inturgidire,
inumidire, invaghire, inveire, invelenire, inverdire, inverminire,
invigliacchire, invigorire, invilire, inviperire, inviscidire,
involgarire, inzotichire, irrancidire, irretire, irrigidire, irrobustire,
irrugginire, irruvidire, ischeletrire, ispessire, isterilire, istituire,
istruire, istupidire, lambire, languire, largire, lenire, marcire,
muffire, muggire, munire, nitrire, obbedire, ordire, ostruire,
partorire, patire, pattuire, percepire, perire, perquisire, polire,
poltrire, precostituire, preferire, premunire, presagire,
prestabilire, proferire, profferire, progredire, proibire, prostituire,
pulire, punire, rabbonire, rabbrividire, raddolcire, raggrinzire,
rammollire, rammorbidire, rancidire, rannerire, rapire,
rattrappire, rattristire, reagire, recensire, recepire, redarguire,
redistribuire, refluire, regredire, reinserire, reperire, requisire,
restituire, retribuire, riacquisire, riacuire, riapplaudire,
riassorbire, ribadire, ricolorire, ricostituire, ricostruire, ridefinire,
ridiminuire, ridistribuire, riferire, rifinire, rifiorire, rifluire,
rifornire, rimbaldanzire, rimbambire, rimbarbarire, rimbastire,
rimbecillire, rimbellire, rimbiondire, rimboschire, rimbrunire,
rimbruttire, rimminchionire, rimpadronirsi, rimpettirsi,
rimpicciolire, rimpiccolire, rimpoltronire, rimpoverire,
rimprosciuttire, rincitrullire, rinciuchire, rincivilire, rincoglionire,
rincretinire, rincrudelire, rincrudire, rincupire, rindurire, rinfittire,
rinfronzolire, ringagliardire, ringalluzzire, ringiovanire, rinsanire,
rinsaporire, rinsavire, rinsecchire, rinselvatichire, rintontire,

rintristire, rinverdire, rinvigorire, rinvilire, ripartire, ripulire, risarcire, rischiarire, risecchire, rispedire, ristabilire, riunire, riverire, ruggire, sancire, saporire, sbalordire, sbandire, sbastire, sbiadire, sbianchire, sbigottire, sbizzarrire, sbollire, scalfire, scaltrire, scandire, scarnire, scaturire, scheletrire, schermire, schernire, schiarire, scolorire, scolpire, scomparire, scompartire, scurire, sdilinquire, sdrucire, seppellire, sfavorire, sfinire, sfiorire, sfittire, sfoltire, sfornire, sgradire, sgranchire, sgualcire, sguarnire, smagrire, smaltire, smarrire, smentire, sminuire, snellire, sopire, sopperire, sorbire, sortire, sostituire, sparire, spartire, spaurire, spazientire, spedire, spigrire, spoltronire, squittire, stabilire, starnutire, statuire, stecchire, stiepidire, stirizzire, stizzire, stordire, stormire, stramortire, striminzire, stupidire, stupire, subire, suggerire, supplire, svanire, svelenire, sveltire, svigorire, svilire, tallire, tinnire, tornire, tossire, tradire, tramortire, trasalire, trasferire, trasgredire, tripartire, ubbidire, unire, usufruire, vagire, zittire

12. cedere

INDICATIVO		CONGIUNTIVO
Presente	Passato Remoto	Presente
cedo	cedei/cedetti	ceda
cedi	cedesti	ceda
cede	cedé/cedette	ceda
cediamo	cedemmo	cediamo
cedete	cedeste	cediate
cedono	cederono/cedettero	cedano
Imperfetto	Futuro Semplice	Imperfetto
cedevo	cederò	cedessi
cedevi	cederai	cedessi
cedeva	cederà	cedesse
cedevamo	cederemo	cedessimo
cedevate	cederete	cedeste
cedevano	cederanno	cedessero

CONDIZIONALE	IMPERATIVO	PARTICIPIO
Presente		Presente
cederei	-	cedente
cederesti	cedi	Passato
cederebbe	ceda	ceduto/**cesso**
cederemmo	cediamo	GERUNDIO
cedereste	cedete	Presente
cederebbero	cedano	cedendo

☐ Other than an irregular past participle, this group follows the pattern of regular -*ere* verbs. Note the difference between this group and the *concedere* group (*concedere, retrocedere, succedere*) which has irregular past participles and Preterite (Passato Remoto).

Verbs that follow this model:
cedere, procedere

13. cercare

INDICATIVO		CONGIUNTIVO
Presente	Passato Remoto	Presente
cerco	cercai	cerchi
cerchi	cercasti	cerchi
cerca	cercò	cerchi
cerchiamo	cercammo	cerchiamo
cercate	cercaste	cerchiate
cercano	cercarono	cerchino
Imperfetto	Futuro Semplice	Imperfetto
cercavo	cercherò	cercassi
cercavi	cercherai	cercassi
cercava	cercherà	cercasse
cercavamo	cercheremo	cercassimo
cercavate	cercherete	cercaste
cercavano	cercheranno	cercassero

CONDIZIONALE	IMPERATIVO	PARTICIPIO
Presente		Presente
cercherei	-	cercante
cercheresti	cerca	Passato
cercherebbe	cerchi	cercato
cercheremmo	cerchiamo	GERUNDIO
cerchereste	cercate	Presente
cercherebbero	cerchino	cercando

Verbs that follow this model:
abbarbicare, abbarcare, abbicare, abbioccare, abboccare,
abbrancare, abdicare, accalcare, accavalcare, accecare,
acciaccare, acciecare, accoccare, acetificare, acidificare,
addomesticare, adescare, affaticare, affiancare, affiocare,
affocare, afforcare, affrancare, affrescare, affumicare,
aggiudicare, allascare, allocare, almanaccare, altercare, amicare,
ammaccare, ammanicarsi, ammiccare, amplificare, annoccare,
appiccare, appiccicare, applicare, arabescare, arrampicare,

16

arrancare, arrecare, arroccare, assolcare, attaccare, attossicare, attraccare, auspicare, autenticare, autentificare, avocare, azzeccare, bacare, baloccare, barricare, battibeccare, bazzicare, beatificare, beccare, beneficare, biascicare, biforcare, bivaccare, bloccare, bonificare, braccare, brancicare, brucare, brulicare, bucare, buscare, cacare, calcare, calcificare, caricare, cascare, cavalcare, cementificare, centuplicare, cercare, certificare, chiarificare, chilificare, ciampicare, ciancicare, ciccare, cioncare, classificare, claudicare, cliccare, codificare, collocare, complicare, comunicare, conculcare, conficcare, confiscare, confricare, contrattaccare, controindicare, controreplicare, convocare, coricare, cornificare, corruscare, criticare, cuccare, damascare, decalcificare, declassificare, decodificare, decorticare, decuplicare, dedicare, defalcare, defaticarsi, defecare, degassificare, deificare, demarcare, demistificare, demoltiplicare, denazificare, deprecare, dequalificare, derubricare, deumidificare, diagnosticare, diboscare, diliscare, dimenticare, diradicare, diroccare, disapplicare, disboscare, discaricare, diseducare, disinnescare, disintossicare, dislocare, disqualificare, dissecare, disseccare, distaccare, districare, divaricare, diversificare, dolcificare, duplicare, edificare, educare, elencare, elettrificare, equivocare, eradicare, erpicare, esemplificare, esplicare, essiccare, esterificare, estrinsecare, eterificare, evocare, fabbricare, falcare, falsificare, fantasticare, farneticare, faticare, fiaccare, ficcare, fiancare, fioccare, fluidificare, fornicare, fortificare, francare, fruttificare, gassificare, gelificare, giudicare, giustificare, glorificare, gratificare, identificare, imbacuccare, imbarcare, imbeccare, imbiaccare, imbiancare, imboccare, imboscare, imbracare, imbrancare, imbroccare, imbucare, impaccare, impalcare, impancare, imparruccare, impasticcarsi, impataccare, impiccare, implicare, imprecare, inarcare, incaricare, inceralaccare, incespicare, inciampicare, inciuccare, incoccare, incruscare, inculcare, indicare, inerpicare, infiascare, infioccare, infocare, inforcare, infoscare, infrascare, infuocare, inimicare, innescare, insaccare, intaccare, intascare, intedescare, intensificare, intersecare, intonacare, intossicare, intricare, invocare, ipotecare, laccare, lambiccare, lascare, lastricare, leccare, leticare, lignificare, locare, lubrificare, luccicare, magnificare, malgiudicare, mancare, mantecare, marcare, massificare,

masticare, medicare, mellificare, mendicare, mercificare,
mesticare, mistificare, modificare, moltiplicare, monacare,
morsicare, mortificare, mummificare, musicare, nazificare,
nevicare, nidificare, notificare, nutricare, offuscare, ossificare,
ottuplicare, pacare, pacificare, palificare, panificare, parancare,
parcare, parificare, pastificare, peccare, personificare, pescare,
pianificare, piccare, pietrificare, piluccare, pitoccare, pizzicare,
placare, placcare, plasticare, plastificare, pontificare, praticare,
predicare, prefabbricare, pregiudicare, prevaricare, prolificare,
pronosticare, provocare, pubblicare, purificare, quadruplicare,
qualificare, quantificare, quintuplicare, rabboccare, rabescare,
raccare, radicare, ramificare, rammaricare, rampicare,
rappacificare, ratificare, recare, reciprocare, reificare,
reimbarcare, replicare, resecare, rettificare, revocare, riaccalcarsi,
riappacificare, riappiccicare, riapplicare, riattaccare, riboccare,
ribucare, ribuscare, ricalcare, ricalcificare, ricaricare, ricascare,
ricavalcare, ricercare, riclassificare, ricollocare, ricomunicare,
riconficcare, riconfiscare, riconvocare, ricoricare, ridistaccare,
riedificare, rieducare, rievocare, rifabbricare, rificcare,
rigiudicare, rilastricare, rimarcare, rimasticare, rimbacuccare,
rimbeccare, rimbiancare, rimboccare, rimboscare, rimbucare,
rincalcare, rinfrancare, rinfrescare, rinsaccare, rintascare,
rintoccare, rintonacare, rioffuscare, ripacificare, ripeccare,
ripescare, ripredicare, ripubblicare, riqualificare, risecare,
riseccare, risicare, ristuccare, ritoccare, riunificare, rivalicare,
rivendicare, rosicare, rubricare, sacrificare, salificare,
saltabeccare, sanificare, santificare, saponificare, sbancare,
sbaraccare, sbarcare, sbeccare, sbellicare, sbiancare, sbilencare,
sbloccare, sboccare, sbracare, sbrancare, sbreccare, sbrucare,
sbucare, scalcare, scaricare, scarificare, scarnificare, scavalcare,
schioccare, sciancare, scioccare, scoccare, scomunicare,
sconficcare, scorticare, scroccare, seccare, semplificare,
settuplicare, sfiancare, sfioccare, sfrascare, sfuocare,
sgrammaticare, shoccare, significare, sindacare, smarcare,
smollicare, smonacare, smozzicare, sobbarcare, soffocare,
sofisticare, solcare, solidificare, solleticare, sopraedificare,
sopredificare, sovraccaricare, sovraffaticare, spaccare,
spalancare, specificare, sperticare, spiaccicare, spiccare,
spiccicare, spilluzzicare, spiluccare, spizzicare, sporcare,
sprecare, squalificare, sradicare, staccare, stancare, steccare,

stoccare, stomacare, stonacare, straboccare, straccare, strascicare, stratificare, stravaccare, stroncare, struccare, stuccare, stuzzicare, sublocare, suffumicare, supplicare, svescicare, tabaccare, taroccare, telecomunicare, terrificare, testificare, toccare, tonificare, traboccare, trafficare, traslocare, travalicare, trescare, trincare, triplicare, troncare, truccare, ubicare, ubriacare, umidificare, unificare, vacare, valicare, vanificare, varcare, vellicare, vendicare, verificare, versificare, vetrificare, vinificare, vivificare, vorticare, zincare, zoppicare

14. chiedere *ask*

INDICATIVO		CONGIUNTIVO
Presente	Passato Remoto	Presente
chiedo	**chiesi**	chieda
chiedi	chiedesti	chieda
chiede	**chiese**	chieda
chiediamo	chiedemmo	chiediamo
chiedete	chiedeste	chiediate
chiedono	**chiesero**	chiedano
Imperfetto	Futuro Semplice	Imperfetto
chiedevo	chiederò	chiedessi
chiedevi	chiederai	chiedessi
chiedeva	chiederà	chiedesse
chiedevamo	chiederemo	chiedessimo
chiedevate	chiederete	chiedeste
chiedevano	chiederanno	chiedessero

CONDIZIONALE	IMPERATIVO	PARTICIPIO
Presente		Presente
chiederei	-	chiedente
chiederesti	chiedi	Passato
chiederebbe	chieda	chie**sto**
chiederemmo	chiediamo	GERUNDIO
chiedereste	chiedete	Presente
chiederebbero	chiedano	chiedendo

Verbs that follow this model:

chiedere, richiedere

15. cominciare _begin_

INDICATIVO		CONGIUNTIVO
Presente	Passato Remoto	Presente
comincio	cominciai	cominci
cominci	cominciasti	cominci
comincia	cominciò	cominci
cominciamo	cominciammo	cominciamo
cominciate	cominciaste	cominciate
cominciano	cominciarono	comincino
Imperfetto	Futuro Semplice	Imperfetto
cominciavo	comincerò	cominciassi
cominciavi	comincerai	cominciassi
cominciava	comincerà	cominciasse
cominciavamo	cominceremo	cominciassimo
cominciavate	comincerete	cominciaste
cominciavano	cominceranno	cominciassero

CONDIZIONALE	IMPERATIVO	PARTICIPIO
Presente		Presente
comincerei	-	cominciante
cominceresti	comincia	Passato
comincerebbe	cominci	cominciato
cominceremmo	cominciamo	GERUNDIO
comincereste	cominciate	Presente
comincerebbero	comincino	cominciando

Verbs that follow this model:

abbiosciare, abbisciare, abbonacciare, abborracciare, abbracciare, accartocciare, accasciare, acconciare, accorciare, accosciare, accovacciare, accucciare, affacciare, afflosciare, agganciare, agghiacciare, aggraticciare, aggricciare, allacciare, allicciare, ammassicciare, ammosciare, angosciare, annunciare, approcciare, arricciare, arrocciarsi, arrovesciare, associare, baciare, beneficiare, berciare, biasciare, bilanciare, bisbocciare, bisticciare, bocciare, bruciare, cacciare, calciare, chiocciare, cianciare, ciucciare, combaciare, cominciare, commerciare, conciare, consociare, controbilanciare, corrucciare, crosciare, crucciare, cucciare, denunciare, diricciare, disassociare, discacciare, disselciare, dissociare, docciare, emaciare, enunciare, falciare, fasciare, frecciare, frusciare, ghiacciare, gocciare, graticciare, imbracciare, imbrecciare, imbronciare, impacciare, impasticciare, impeciare, impellicciare, impiallacciare, impiastricciare, impicciare, impomiciare, incamiciare, incannucciare, incantucciare, incappucciare, incapricciare, incartocciare, incocciare, incominciare, incorniciare, incrociare, inficiare, infornaciare, infradiciare, ingraticciare, insudiciare, interfacciare, intralciare, intrecciare, inverniciare, lanciare, lasciare, linciare, lisciare, marciare, massicciare, minacciare, officiare, pasticciare, pesticciare, pisciare, pomiciare, preannunciare, procacciare, pronunciare, rabberciare, raccapricciare, racconciare, raccorciare, rappaciare, riabbracciare, riaccorciare, riaffacciare, riagganciare, riallacciare, riassociare, ribaciare, ribeneficiare, ribruciare, ricacciare, ricominciare, riconciare, rifalciare, rifasciare, rilanciare, rilasciare, rimpannucciare, rimpasticciare, rimpellicciare, rimpiallacciare, rincantucciare, rincominciare, rincorniciare, rincrociare, rinfacciare, rinsudiciare, rintracciare, rintrecciare, rinunciare, riverniciare, rovesciare, sbertucciare, sbilanciare, sbirciare, sbocciare, sbracciarsi, sbraciare, sbrecciare, sbucciare, scacciare, scalciare, scalpicciare, scamiciare, scamosciare, scappucciare, scapricciare, scarrocciare, scartocciare, scatenacciare, schiacciare, schiavacciare, scocciare, scollacciare, scombaciare, scompisciare, sconciare, scorciare, scorniciare, scortecciare, scosciare, scrosciare, scudisciare, sculacciare, sdiricciare, selciare, setacciare, sfasciare, sfiduciare, sfilacciare, sfociare, sforbiciare, sfrecciare, sganasciare, sganciare, sghiacciare, sguisciare, sgusciare, slacciare, slanciare, smerciare, spacciare, spanciare, spicciare, sprimacciare, spulciare, squarciare, stacciare, stracciare, stralciare, strecciare, strisciare, stropicciare, strusciare, sverniciare, tacciare, tracciare, tralasciare, tranciare, trinciare, ufficiare, verniciare, vociare

16. compiere

INDICATIVO		CONGIUNTIVO
Presente	Passato Remoto	Presente
compio	compiei	compia
compi	compiesti	compia
compie	compié	compia
compiamo	compiemmo	compiamo
compiete	compieste	compiate
compiono	compierono	compiano
Imperfetto	**Futuro Semplice**	**Imperfetto**
compievo	compierò/**compir**ò	compiessi
compievi	compierai/**compir**ai	compiessi
compieva	compierà/**compir**à	compiesse
compievamo	compieremo/**compir**emo	compiessimo
compievate	compierete/**compir**ete	compieste
compievano	compieranno/**compir**anno	compiessero

CONDIZIONALE	IMPERATIVO	PARTICIPIO
Presente		Presente
compierei/**compir**ei	-	compiente
compieresti/**compir**esti	compi	**Passato**
compierebbe/**compir**ebbe	compia	compiuto
compieremmo/**compir**emmo	compiamo	**GERUNDIO**
compiereste/**compir**este	compiete	**Presente**
compierebbero/**compir**ebbero	compiano	compiendo

Verbs that follow this model:

adempiere, compiere, empiere, ricompiere, riempiere

23

17. concedere

INDICATIVO		CONGIUNTIVO
Presente	Passato Remoto	Presente
concedo	concessi	conceda
concedi	concedesti	conceda
concede	concesse	conceda
concediamo	concedemmo	concediamo
concedete	concedeste	concediate
concedono	concessero	concedano
Imperfetto	Futuro Semplice	Imperfetto
concedevo	concederò	concedessi
concedevi	concederai	concedessi
concedeva	concederà	concedesse
concedevamo	concederemo	concedessimo
concedevate	concederete	concedeste
concedevano	concederanno	concedessero

CONDIZIONALE	IMPERATIVO	PARTICIPIO
Presente		Presente
concederei	-	concedente
concederesti	concedi	Passato
concederebbe	conceda	concesso/conceduto
concederemmo	concediamo	GERUNDIO
concedereste	concedete	Presente
concederebbero	concedano	concedendo

Verbs that follow this model:
concedere, retrocedere, riconcedere, succedere

24

18. concludere

INDICATIVO		CONGIUNTIVO
Presente	**Passato Remoto**	**Presente**
concludo	conclusi	concluda
concludi	concludesti	concluda
conclude	concluse	concluda
concludiamo	concludemmo	concludiamo
concludete	concludeste	concludiate
concludono	conclusero	concludano
Imperfetto	**Futuro Semplice**	**Imperfetto**
concludevo	concluderò	concludessi
concludevi	concluderai	concludessi
concludeva	concluderà	concludesse
concludevamo	concluderemo	concludessimo
concludevate	concluderete	concludeste
concludevano	concluderanno	concludessero
CONDIZIONALE	**IMPERATIVO**	**PARTICIPIO**
Presente		**Presente**
concluderei	-	concludente
concluderesti	concludi	**Passato**
concluderebbe	concluda	concluso
concluderemmo	concludiamo	**GERUNDIO**
concludereste	concludete	**Presente**
concluderebbero	concludano	concludendo

Verbs that follow this model:

accludere, alludere, chiudere, colludere, conchiudere, concludere,
deludere, dischiudere, disilludere, eludere, escludere, estrudere,
illudere, includere, intercludere, intrudere, occludere, plaudere,
precludere, preludere, proludere, prudere, racchiudere, recludere,
richiudere, riescludere, rinchiudere, schiudere, socchiudere

19. condurre

INDICATIVO		CONGIUNTIVO
Presente	Passato Remoto	Presente
conduco	condu**ssi**	conduca
conduci	conducesti	conduca
conduce	condu**sse**	conduca
conduciamo	conducemmo	conduciamo
conducete	conduceste	conduciate
conducono	condu**ssero**	conducano
Imperfetto	**Futuro Semplice**	**Imperfetto**
conducevo	**condurr**ò	conducessi
conducevi	**condurr**ai	conducessi
conduceva	**condurr**à	conducesse
conducevamo	**condurr**emo	conducessimo
conducevate	**condurr**ete	conduceste
conducevano	**condurr**anno	conducessero

CONDIZIONALE	IMPERATIVO	PARTICIPIO
Presente		Presente
condurrei	-	conducente
condurresti	conduci	Passato
condurrebbe	conduca	con**dotto**
condurremmo	conduciamo	GERUNDIO
condurreste	conducete	Presente
condurrebbero	conducano	conducendo

Verbs that follow this model:
abdurre, addurre, autoprodurre, autoridurre, circondurre, condurre, coprodurre, dedurre, indurre, introdurre, produrre, ricondurre, ridurre, rintrodurre, riprodurre, sedurre, tradurre, trasdurre

20. conoscere *to know a person*

INDICATIVO		CONGIUNTIVO
Presente	Passato Remoto	Presente
conosco	conobbi	conosca
conosci	conoscesti	conosca
conosce	conobbe	conosca
conosciamo	conoscemmo	conosciamo
conoscete	conosceste	conosciate
conoscono	conobbero	conoscano
Imperfetto	Futuro Semplice	Imperfetto
conoscevo	conoscerò	conoscessi
conoscevi	conoscerai	conoscessi
conosceva	conoscerà	conoscesse
conoscevamo	conosceremo	conoscessimo
conoscevate	conoscerete	conosceste
conoscevano	conosceranno	conoscessero

CONDIZIONALE	IMPERATIVO	PARTICIPIO
Presente		Presente
conoscerei	-	conoscente
conosceresti	conosci	**Passato**
conoscerebbe	conosca	conosciuto
conosceremmo	conosciamo	**GERUNDIO**
conoscereste	conoscete	Presente
conoscerebbero	conoscano	conoscendo

Verbs that follow this model:

conoscere, disconoscere, misconoscere, preconoscere,
riconoscere, sconoscere

27

21. contundere

INDICATIVO		CONGIUNTIVO
Presente	Passato Remoto	Presente
contundo	**contusi**	contunda
contundi	contundesti	contunda
contunde	**contuse**	contunda
contundiamo	contundemmo	contundiamo
contundete	contundeste	contundiate
contundono	**contusero**	contundano
Imperfetto	Futuro Semplice	Imperfetto
contundevo	contunderò	contundessi
contundevi	contunderai	contundessi
contundeva	contunderà	contundesse
contundevamo	contunderemo	contundessimo
contundevate	contunderete	contundeste
contundevano	contunderanno	contundessero

CONDIZIONALE	IMPERATIVO	PARTICIPIO
Presente		Presente
contunderei	-	contundente
contunderesti	contundi	Passato
contunderebbe	contunda	**contuso**
contunderemmo	contundiamo	GERUNDIO
contundereste	contundete	Presente
contunderebbero	contundano	contundendo

Verbs that follow this model:
contundere, ottundere

22. correre

INDICATIVO		CONGIUNTIVO
Presente	Passato Remoto	Presente
corro	**corsi**	corra
corri	corresti	corra
corre	**corse**	corra
corriamo	corremmo	corriamo
correte	correste	corriate
corrono	**corsero**	corrano
Imperfetto	Futuro Semplice	Imperfetto
correvo	correrò	corressi
correvi	correrai	corressi
correva	correrà	corresse
correvamo	correremo	corressimo
correvate	correrete	correste
correvano	correranno	corressero

CONDIZIONALE	IMPERATIVO	PARTICIPIO
Presente		Presente
correrei	-	corrente
correresti	corri	Passato
correrebbe	corra	**corso**
correremmo	corriamo	GERUNDIO
correreste	correte	Presente
correrebbero	corrano	correndo

Verbs that follow this model:

accorrere, concorrere, correre, decorrere, discorrere, incorrere, intercorrere, occorrere, percorrere, precorrere, ricorrere, ridiscorrere, rincorrere, ripercorrere, riscorrere, scorrere, soccorrere, trascorrere

23. credere

INDICATIVO		CONGIUNTIVO
Presente	Passato Remoto	Presente
credo	credei/credetti	creda
credi	credesti	creda
crede	credé/credette	creda
crediamo	credemmo	crediamo
credete	credeste	crediate
credono	crederono/credettero	credano
Imperfetto	Futuro Semplice	Imperfetto
credevo	crederò	credessi
credevi	crederai	credessi
credeva	crederà	credesse
credevamo	crederemo	credessimo
credevate	crederete	credeste
credevano	crederanno	credessero

CONDIZIONALE	IMPERATIVO	PARTICIPIO
Presente		Presente
crederei	-	credente
crederesti	credi	Passato
crederebbe	creda	creduto
crederemmo	crediamo	GERUNDIO
credereste	credete	Presente
crederebbero	credano	credendo

☐ *credere* is a typical example of regular *-ere* verbs.

Verbs that follow this model:
abbattere, accedere, antecedere, battere, calere, cedere, cernere, combattere, competere, compravendere, concernere, contessere, controbattere, controvertere, credere, decedere, delinquere, devolvere, dibattere, dirimere, discernere, eccedere, esimere, estollere, estrovertere, fendere, fervere, fottere, fremere, gemere, imbattersi, imbevere, incedere, incombere, intercedere, intessere,

lucere, mietere, molcere, precedere, premere, presiedere, procedure, recedere, riabbattere, ribattere, ricedere, ricevere, ricredere, rilucere, ripetere, risiedere, risplendere, rivendere, sbattere, scernere, secernere, sfottere, soccombere, sopreccedere, splendere, spremere, strafottere, stridere, svendere, tangere, temere, tessere, tralucere, vendere, vertere

☐ Note that *cedere* has two past participles: one regular (*ceduto*), the other irregular (*cesso*). Similarly, *incedere* also has two past participles: *inceduto* and *incesso*. *Secernere* has two past participles: *secernuto* and *secreto*

24. crescere

INDICATIVO		CONGIUNTIVO
Presente	Passato Remoto	Presente
cresco	cre**bbi**	cresca
cresci	crescesti	cresca
cresce	cre**bbe**	cresca
cresciamo	crescemmo	cresciamo
crescete	cresceste	cresciate
crescono	cre**bbero**	crescano
Imperfetto	Futuro Semplice	Imperfetto
crescevo	crescerò	crescessi
crescevi	crescerai	crescessi
cresceva	crescerà	crescesse
crescevamo	cresceremo	crescessimo
crescevate	crescerete	cresceste
crescevano	cresceranno	crescessero

CONDIZIONALE	IMPERATIVO	PARTICIPIO
Presente		Presente
crescerei	-	crescente
cresceresti	cresci	Passato
crescerebbe	cresca	cres**ciuto**
cresceremmo	cresciamo	GERUNDIO
crescereste	crescete	Presente
crescerebbero	crescano	crescendo

Verbs that follow this model:
accrescere, crescere, decrescere, increscere, ricrescere, rincrescere

32

25. cucire

INDICATIVO		CONGIUNTIVO
Presente	Passato Remoto	Presente
cucio	cucii	cucia
cuci	cucisti	cucia
cuce	cucì	cucia
cuciamo	cucimmo	cuciamo
cucite	cuciste	cuciate
cuciono	cucirono	cuciano
Imperfetto	Futuro Semplice	Imperfetto
cucivo	cucirò	cucissi
cucivi	cucirai	cucissi
cuciva	cucirà	cucisse
cucivamo	cuciremo	cucissimo
cucivate	cucirete	cuciste
cucivano	cuciranno	cucissero

CONDIZIONALE	IMPERATIVO	PARTICIPIO
Presente		Presente
cucirei	-	cucente
cuciresti	cuci	**Passato**
cucirebbe	cucia	cucito
cuciremmo	cuciamo	**GERUNDIO**
cucireste	cucite	Presente
cucirebbero	cuciano	cucendo

Verbs that follow this model:

cucire, ricucire, scucire

26. cuocere

INDICATIVO		CONGIUNTIVO
Presente	Passato Remoto	Presente
cuocio	**cossi**	c(u)ocia
cuoci	c(u)ocesti	c(u)ocia
cuoce	**cosse**	c(u)ocia
c(u)ociamo	c(u)ocemmo	c(u)ociamo
c(u)ocete	c(u)oceste	c(u)ociate
cuociono	**cossero**	c(u)ociano
Imperfetto	Futuro Semplice	Imperfetto
c(u)ocevo	c(u)ocerò	cuocessi
c(u)ocevi	c(u)ocerai	cuocessi
c(u)oceva	c(u)ocerà	cuocesse
c(u)ocevamo	c(u)oceremo	cuocessimo
c(u)ocevate	c(u)ocerete	cuoceste
c(u)ocevano	c(u)oceranno	cuocessero

CONDIZIONALE	IMPERATIVO	PARTICIPIO
Presente		Presente
c(u)ocerei	-	c(u)ocente
c(u)oceresti	cuoci	Passato
c(u)ocerebbe	cuocia	**cotto**
c(u)oceremmo	c(u)ociamo	GERUNDIO
c(u)ocereste	c(u)ocete	Presente
c(u)ocerebbero	cuociano	c(u)ocendo

Verbs that follow this model:

cuocere, ricuocere, scuocere, stracuocere

27. dare

INDICATIVO		CONGIUNTIVO
Presente	Passato Remoto	Presente
do	diedi/detti	dia
dai	desti	dia
dà	diede/dette	dia
diamo	demmo	diamo
date	deste	diate
danno	diedero/dettero	diano
Imperfetto	Futuro Semplice	Imperfetto
davo	darò	dessi
davi	darai	dessi
dava	darà	desse
davamo	daremo	dessimo
davate	darete	deste
davano	daranno	dessero

CONDIZIONALE	IMPERATIVO	PARTICIPIO
Presente		Presente
darei	-	dante
daresti	dai/da'/dà	Passato
darebbe	dia	dato
daremmo	diamo	GERUNDIO
dareste	date	Presente
darebbero	diano	dando

Verbs that follow this model:
dare, ridare

28. dire

INDICATIVO		CONGIUNTIVO
Presente	Passato Remoto	Presente
dico	**dissi**	**dic**a
dici	**dicesti**	**dic**a
dice	**disse**	**dic**a
diciamo	**dicemmo**	**dic**iamo
dite	**diceste**	**dic**iate
dicono	**dissero**	**dic**ano
Imperfetto	Futuro Semplice	Imperfetto
dicevo	dirò	**dic**essi
dicevi	dirai	**dic**essi
diceva	dirà	**dic**esse
dicevamo	diremo	**dic**essimo
dicevate	direte	**dic**este
dicevano	diranno	**dic**essero

CONDIZIONALE	IMPERATIVO	PARTICIPIO
Presente		Presente
direi	-	**dic**ente
diresti	**di'/dì**	Passato
direbbe	**dic**a	**detto**
diremmo	**dic**iamo	GERUNDIO
direste	dite	Presente
direbbero	**dic**ano	**dic**endo

Verbs that follow this model:

addire, benedire, contraddire, dire, disdire, indire, interdire, maledire, predire, ridire, stramaledire

29. dirigere

INDICATIVO		CONGIUNTIVO
Presente	Passato Remoto	Presente
dirigo	**diressi**	diriga
dirigi	dirigesti	diriga
dirige	**diresse**	diriga
dirigiamo	dirigemmo	dirigiamo
dirigete	dirigeste	dirigiate
dirigono	**diressero**	dirigano
Imperfetto	Futuro Semplice	Imperfetto
dirigevo	dirigerò	dirigessi
dirigevi	dirigerai	dirigessi
dirigeva	dirigerà	dirigesse
dirigevamo	dirigeremo	dirigessimo
dirigevate	dirigerete	dirigeste
dirigevano	dirigeranno	dirigessero

CONDIZIONALE	IMPERATIVO	PARTICIPIO
Presente		Presente
dirigerei	-	dirigente
dirigeresti	dirigi	Passato
dirigerebbe	diriga	**diretto**
dirigeremmo	dirigiamo	GERUNDIO
dirigereste	dirigete	Presente
dirigerebbero	dirigano	dirigendo

Verbs that follow this model:
dirigere, erigere, negligere, prediligere

37

30. discutere

INDICATIVO		CONGIUNTIVO
Presente	Passato Remoto	Presente
discuto	discussi	discuta
discuti	discutesti	discuta
discute	discusse	discuta
discutiamo	discutemmo	discutiamo
discutete	discuteste	discutiate
discutono	discussero	discutano
Imperfetto	Futuro Semplice	Imperfetto
discutevo	discuterò	discutessi
discutevi	discuterai	discutessi
discuteva	discuterà	discutesse
discutevamo	discuteremo	discutessimo
discutevate	discuterete	discuteste
discutevano	discuteranno	discutessero

CONDIZIONALE	IMPERATIVO	PARTICIPIO
Presente		Presente
discuterei	-	discutente
discuteresti	discuti	Passato
discuterebbe	discuta	discusso
discuteremmo	discutiamo	GERUNDIO
discutereste	discutete	Presente
discuterebbero	discutano	discutendo

Verbs that follow this model:
discutere, escutere, incutere, ridiscutere

31. dissolvere

INDICATIVO		CONGIUNTIVO
Presente	Passato Remoto	Presente
dissolvo	**dissolsi**	dissolva
dissolvi	dissolvesti	dissolva
dissolve	**dissolse**	dissolva
dissolviamo	dissolvemmo	dissolviamo
dissolvete	dissolveste	dissolviate
dissolvono	**dissolsero**	dissolvano
Imperfetto	Futuro Semplice	Imperfetto
dissolvevo	dissolverò	dissolvessi
dissolvevi	dissolverai	dissolvessi
dissolveva	dissolverà	dissolvesse
dissolvevamo	dissolveremo	dissolvessimo
dissolvevate	dissolverete	dissolveste
dissolvevano	dissolveranno	dissolvessero
CONDIZIONALE	IMPERATIVO	PARTICIPIO
Presente		Presente
dissolverei	-	dissolvente
dissolveresti	dissolvi	Passato
dissolverebbe	dissolva	**dissolto**
dissolveremmo	dissolviamo	GERUNDIO
dissolvereste	dissolvete	Presente
dissolverebbero	dissolvano	dissolvendo

Verbs that follow this model:
assolvere, dissolvere, evolvere, involvere, risolvere

☐ Note that *devolvere* does not belong to this group; it is a regular verb ending in *ere*.

32. distinguere

INDICATIVO		CONGIUNTIVO
Presente	Passato Remoto	Presente
distinguo	distinsi	distingua
distingui	distinguesti	distingua
distingue	distinse	distingua
distinguiamo	distinguemmo	distinguiamo
distinguete	distingueste	distinguiate
distinguono	distinsero	distinguano
Imperfetto	Futuro Semplice	Imperfetto
distinguevo	distinguerò	distinguessi
distinguevi	distinguerai	distinguessi
distingueva	distinguerà	distinguesse
distinguevamo	distingueremo	distinguessimo
distinguevate	distinguerete	distingueste
distinguevano	distingueranno	distinguessero

CONDIZIONALE	IMPERATIVO	PARTICIPIO
Presente		Presente
distinguerei	-	distinguente
distingueresti	distingui	Passato
distinguerebbe	distingua	**distinto**
distingueremmo	distinguiamo	GERUNDIO
distinguereste	distinguete	Presente
distinguerebbero	distinguano	distinguendo

Verbs that follow this model:
contraddistinguere, distinguere, estinguere, ridistinguere,
suddistinguere

33. distruggere

INDICATIVO		CONGIUNTIVO
Presente	Passato Remoto	Presente
distruggo	**distrussi**	distrugga
distruggi	distruggesti	distrugga
distrugge	**distrusse**	distrugga
distruggiamo	distruggemmo	distruggiamo
distruggete	distruggeste	distruggiate
distruggono	**distrussero**	distruggano
Imperfetto	Futuro Semplice	Imperfetto
distruggevo	distruggerò	distruggessi
distruggevi	distruggerai	distruggessi
distruggeva	distruggerà	distruggesse
distruggevamo	distruggeremo	distruggessimo
distruggevate	distruggerete	distruggeste
distruggevano	distruggeranno	distruggessero

CONDIZIONALE	IMPERATIVO	PARTICIPIO
Presente		Presente
distruggerei	-	distruggente
distruggeresti	distruggi	Passato
distruggerebbe	distrugga	**distrutto**
distruggeremmo	distruggiamo	GERUNDIO
distruggereste	distruggete	Presente
distruggerebbero	distruggano	distruggendo

Verbs that follow this model:
autodistruggere, distruggere, struggere, suggere

41

34. dolere *to ache*

INDICATIVO		CONGIUNTIVO
Presente	Passato Remoto	Presente
dolgo	**dol**si	**dolga/doglia**
duoli	**dol**esti	**dolga/doglia**
duole	**dol**se	**dolga/doglia**
doliamo/**dogli**amo	**dol**emmo	doliamo/**dogli**amo
dolete	**dol**este	doliate/**dogli**ate
dolgono	**dol**sero	**dolg**ano

Imperfetto	Futuro Semplice	Imperfetto
dolevo	**dorr**ò	dolessi
dolevi	**dorr**ai	dolessi
doleva	**dorr**à	dolesse
dolevamo	**dorr**emo	dolessimo
dolevate	**dorr**ete	doleste
dolevano	**dorr**anno	dolessero

CONDIZIONALE	IMPERATIVO	PARTICIPIO
Presente		Presente
dorrei	-	dolente
dorresti	**duol**i	Passato
dorrebbe	**dolg**a	doluto
dorremmo	doliamo	GERUNDIO
dorreste	dolete	Presente
dorrebbero	**dolg**ano	dolendo

Verbs that follow this model:
condolersi, dolere

35. dovere

INDICATIVO		CONGIUNTIVO
Presente	Passato Remoto	Presente
devo/debbo	dovei/dovetti	deva/debba
devi	dovesti	deva/debba
deve	dové/dovette	deva/debba
dobbiamo	dovemmo	dobbiamo
dovete	doveste	dobbiate
devono/debbono	doverono/dovettero	devano/debbano
Imperfetto	Futuro Semplice	Imperfetto
dovevo	dovrò	dovessi
dovevi	dovrai	dovessi
doveva	dovrà	dovesse
dovevamo	dovremo	dovessimo
dovevate	dovrete	doveste
dovevano	dovranno	dovessero

CONDIZIONALE	IMPERATIVO	PARTICIPIO
Presente		Presente
dovrei	-	-
dovresti	-	Passato
dovrebbe	-	dovuto
dovremmo	-	GERUNDIO
dovreste	-	Presente
dovrebbero	-	dovendo

36. emergere

INDICATIVO		CONGIUNTIVO
Presente	Passato Remoto	Presente
emergo	**emersi**	emerga
emergi	emergesti	emerga
emerge	**emerse**	emerga
emergiamo	emergemmo	emergiamo
emergete	emergeste	emergiate
emergono	**emersero**	emergano
Imperfetto	Futuro Semplice	Imperfetto
emergevo	emergerò	emergessi
emergevi	emergerai	emergessi
emergeva	emergerà	emergesse
emergevamo	emergeremo	emergessimo
emergevate	emergerete	emergeste
emergevano	emergeranno	emergessero

CONDIZIONALE	IMPERATIVO	PARTICIPIO
Presente		Presente
emergerei	-	emergente
emergeresti	emergi	Passato
emergerebbe	emerga	**emerso**
emergeremmo	emergiamo	GERUNDIO
emergereste	emergete	Presente
emergerebbero	emergano	emergendo

Verbs that follow this model:

adergere, aspergere, convergere, detergere, divergere, emergere,
ergere, immergere, riemergere, riergere, sommergere, tergere

☐ The past participle for *ergere* is *erto*.
☐ The past participle for *adergere* is *aderto*.

44

37. empire

INDICATIVO		CONGIUNTIVO
Presente	Passato Remoto	Presente
empio	empii	empia
empi	empisti	empia
empie	empì	empia
empiamo	empimmo	empiamo
empite	empiste	empiate
empiono	empirono	empiano
Imperfetto	Futuro Semplice	Imperfetto
empivo	empirò	empissi
empivi	empirai	empissi
empiva	empirà	empisse
empivamo	empiremo	empissimo
empivate	empirete	empiste
empivano	empiranno	empissero

CONDIZIONALE	IMPERATIVO	PARTICIPIO
Presente		Presente
empirei	-	empiente
empiresti	empi	Passato
empirebbe	empia	empito
empiremmo	empiamo	GERUNDIO
empireste	empite	Presente
empirebbero	empiano	empiendo

Verbs that follow this model:

empire, riempire

☐ Note that *adempire* does not belong to this group; it follows the same pattern as *capire*.

45

38. espandere

INDICATIVO		CONGIUNTIVO
Presente	Passato Remoto	Presente
espando	espansi	espanda
espandi	espandesti	espanda
espande	espanse	espanda
espandiamo	espandemmo	espandiamo
espandete	espandeste	espandiate
espandono	espansero	espandano
Imperfetto	Futuro Semplice	Imperfetto
espandevo	espanderò	espandessi
espandevi	espanderai	espandessi
espandeva	espanderà	espandesse
espandevamo	espanderemo	espandessimo
espandevate	espanderete	espandeste
espandevano	espanderanno	espandessero

CONDIZIONALE	IMPERATIVO	PARTICIPIO
Presente		Presente
espanderei	-	espandente
espanderesti	espandi	Passato
espanderebbe	espanda	espanso
espanderemmo	espandiamo	GERUNDIO
espandereste	espandete	Presente
espanderebbero	espandano	espandendo

Verbs that follow this model:
espandere, spandere

☐ Note that *spandere* has three past participles: *spanto*, *spanso* and *spanduto*.

46

39. espellere

INDICATIVO		CONGIUNTIVO
Presente	Passato Remoto	Presente
espello	**espulsi**	espella
espelli	espellesti	espella
espelle	**espulse**	espella
espelliamo	espellemmo	espelliamo
espellete	espelleste	espelliate
espellono	**espulsero**	espellano
Imperfetto	Futuro Semplice	Imperfetto
espellevo	espellerò	espellessi
espellevi	espellerai	espellessi
espelleva	espellerà	espellesse
espellevamo	espelleremo	espellessimo
espellevate	espellerete	espelleste
espellevano	espelleranno	espellessero

CONDIZIONALE	IMPERATIVO	PARTICIPIO
Presente		Presente
espellerei	-	espellente
espelleresti	espelli	Passato
espellerebbe	espella	**espulso**
espelleremmo	espelliamo	GERUNDIO
espellereste	espellete	Presente
espellerebbero	espellano	espellendo

Verbs that follow this model:
avellere, espellere, impellere, repellere

47

40. esprimere

INDICATIVO		CONGIUNTIVO
Presente	Passato Remoto	Presente
esprimo	**espressi**	esprima
esprimi	esprimesti	esprima
esprime	**espresse**	esprima
esprimiamo	esprimemmo	esprimiamo
esprimete	esprimeste	esprimiate
esprimono	**espressero**	esprimano
Imperfetto	Futuro Semplice	Imperfetto
esprimevo	esprimerò	esprimessi
esprimevi	esprimerai	esprimessi
esprimeva	esprimerà	esprimesse
esprimevamo	esprimeremo	esprimessimo
esprimevate	esprimerete	esprimeste
esprimevano	esprimeranno	esprimessero

CONDIZIONALE	IMPERATIVO	PARTICIPIO
Presente		Presente
esprimerei	-	esprimente
esprimeresti	esprimi	Passato
esprimerebbe	esprima	**espresso**
esprimeremmo	esprimiamo	GERUNDIO
esprimereste	esprimete	Presente
esprimerebbero	esprimano	esprimendo

Verbs that follow this model:

comprimere, decomprimere, deprimere, esprimere, imprimere, opprimere, precomprimere, reprimere, sopprimere

41. essere

INDICATIVO		CONGIUNTIVO
Presente	Passato Remoto	Presente
sono	fui	sia
sei	fosti	sia
è	fu	sia
siamo	fummo	siamo
siete	foste	siate
sono	furono	siano
Imperfetto	Futuro Semplice	Imperfetto
ero	sarò	fossi
eri	sarai	fossi
era	sarà	fosse
eravamo	saremo	fossimo
eravate	sarete	foste
erano	saranno	fossero

CONDIZIONALE	IMPERATIVO	PARTICIPIO
Presente		Presente
sarei	-	essente
saresti	sii	Passato
sarebbe	sia	stato
saremmo	siamo	GERUNDIO
sareste	siate	Presente
sarebbero	siano	essendo

Verbs that follow this model:

essere, riessere

42. fare

INDICATIVO		CONGIUNTIVO
Presente	Passato Remoto	Presente
faccio	feci	faccia
fai	facesti	faccia
fa	fece	faccia
facciamo	facemmo	facciamo
fate	faceste	facciate
fanno	fecero	facciano
Imperfetto	Futuro Semplice	Imperfetto
facevo	farò	facessi
facevi	farai	facessi
faceva	farà	facesse
facevamo	faremo	facessimo
facevate	farete	faceste
facevano	faranno	facessero

CONDIZIONALE	IMPERATIVO	PARTICIPIO
Presente		Presente
farei	-	facente
faresti	fa/fai/fa'	Passato
farebbe	faccia	fatto
faremmo	facciamo	GERUNDIO
fareste	fate	Presente
farebbero	facciano	facendo

Verbs that follow this model:

affarsi, assuefare, confare, contraffare, disfare, fare, liquefare, putrefare, rarefare, rifare, sfare, soddisfare, sopraffare, strafare, stupefare, torrefare, tumefare

43. fingere

INDICATIVO		CONGIUNTIVO
Presente	Passato Remoto	Presente
fingo	**finsi**	finga
fingi	fingesti	finga
finge	**finse**	finga
fingiamo	fingemmo	fingiamo
fingete	fingeste	fingiate
fingono	**finsero**	fingano
Imperfetto	Futuro Semplice	Imperfetto
fingevo	fingerò	fingessi
fingevi	fingerai	fingessi
fingeva	fingerà	fingesse
fingevamo	fingeremo	fingessimo
fingevate	fingerete	fingeste
fingevano	fingeranno	fingessero

CONDIZIONALE	IMPERATIVO	PARTICIPIO
Presente		Presente
fingerei	-	fingente
fingeresti	fingi	Passato
fingerebbe	finga	**finto**
fingeremmo	fingiamo	GERUNDIO
fingereste	fingete	Presente
fingerebbero	fingano	fingendo

Verbs that follow this model:
accingere, attingere, cingere, dipingere, discingere, fingere, infingere, intingere, mingere, pingere, precingere, recingere, respingere, ridipingere, risospingere, ritingere, sospingere, spingere, stingere, succingere, tingere

44. fondere

INDICATIVO		CONGIUNTIVO
Presente	Passato Remoto	Presente
fondo	**fusi**	fonda
fondi	fondesti	fonda
fonde	**fuse**	fonda
fondiamo	fondemmo	fondiamo
fondete	fondeste	fondiate
fondono	**fusero**	fondano
Imperfetto	Futuro Semplice	Imperfetto
fondevo	fonderò	fondessi
fondevi	fonderai	fondessi
fondeva	fonderà	fondesse
fondevamo	fonderemo	fondessimo
fondevate	fonderete	fondeste
fondevano	fonderanno	fondessero

CONDIZIONALE	IMPERATIVO	PARTICIPIO
Presente		Presente
fonderei	-	fondente
fonderesti	fondi	Passato
fonderebbe	fonda	**fuso**
fonderemmo	fondiamo	GERUNDIO
fondereste	fondete	Presente
fonderebbero	fondano	fondendo

Verbs that follow this model:

circonfondere, confondere, diffondere, effondere, fondere,
infondere, profondere, radiodiffondere, rifondere, soffondere,
trasfondere

45. friggere

INDICATIVO		CONGIUNTIVO
Presente	Passato Remoto	Presente
friggo	**frissi**	frigga
friggi	friggesti	frigga
frigge	**frisse**	frigga
friggiamo	friggemmo	friggiamo
friggete	friggeste	friggiate
friggono	**frissero**	friggano
Imperfetto	Futuro Semplice	Imperfetto
friggevo	friggerò	friggessi
friggevi	friggerai	friggessi
friggeva	friggerà	friggesse
friggevamo	friggeremo	friggessimo
friggevate	friggerete	friggeste
friggevano	friggeranno	friggessero
CONDIZIONALE	IMPERATIVO	PARTICIPIO
Presente		Presente
friggerei	-	friggente
friggeresti	friggi	Passato
friggerebbe	frigga	**fritto**
friggeremmo	friggiamo	GERUNDIO
friggereste	friggete	Presente
friggerebbero	friggano	friggendo

Verbs that follow this model:
affliggere, configgere, confliggere, defiggere, figgere, friggere,
infliggere, rifriggere, sconfiggere, sfriggere, soffriggere,
trafiggere

☐ Please note that this group looks similar to *affigere* group,
except for their past participles.

46. gi(u)ocare *to play*

INDICATIVO		CONGIUNTIVO
Presente	Passato Remoto	Presente
gi(**u**)oco	giocai	gi(**u**)ochi
gi(**u**)ochi	giocasti	gi(**u**)ochi
gi(**u**)oca	giocò	gi(**u**)ochi
gio**ch**iamo	giocammo	gio**ch**iamo
giocate	giocaste	gio**ch**iate
gi(**u**)ocano	giocarono	gi(**u**)o**ch**ino
Imperfetto	Futuro Semplice	Imperfetto
giocavo	gio**ch**erò	giocassi
giocavi	gio**ch**erai	giocassi
giocava	gio**ch**erà	giocasse
giocavamo	gio**ch**eremo	giocassimo
giocavate	gio**ch**erete	giocaste
giocavano	gio**ch**eranno	giocassero

CONDIZIONALE	IMPERATIVO	PARTICIPIO
Presente		Presente
gio**ch**erei	-	giocante
gio**ch**eresti	gi(**u**)oca	Passato
gio**ch**erebbe	gi(**u**)ochi	giocato
gio**ch**eremmo	gio**ch**iamo	GERUNDIO
gio**ch**ereste	giocate	Presente
gio**ch**erebbero	gi(**u**)o**ch**ino	giocando

Verbs that follow this model:

gi(u)ocare, rigi(u)ocare, scorare, sfocare

47. giungere

INDICATIVO		CONGIUNTIVO
Presente	Passato Remoto	Presente
giungo	**giunsi**	giunga
giungi	giungesti	giunga
giunge	**giunse**	giunga
giungiamo	giungemmo	giungiamo
giungete	giungeste	giungiate
giungono	**giunsero**	giungano
Imperfetto	Futuro Semplice	Imperfetto
giungevo	giungerò	giungessi
giungevi	giungerai	giungessi
giungeva	giungerà	giungesse
giungevamo	giungeremo	giungessimo
giungevate	giungerete	giungeste
giungevano	giungeranno	giungessero

CONDIZIONALE	IMPERATIVO	PARTICIPIO
Presente		Presente
giungerei	-	giungente
giungeresti	giungi	Passato
giungerebbe	giunga	**giunto**
giungeremmo	giungiamo	GERUNDIO
giungereste	giungete	Presente
giungerebbero	giungano	giungendo

Verbs that follow this model:

aggiungere, compungere, congiungere, disgiungere, espungere, fungere, giungere, ingiungere, interpungere, mungere, pungere, raggiungere, ricongiungere, ripungere, scongiungere, smungere, soggiungere, sopraggiungere, trapungere, ungere

48. godere

INDICATIVO		CONGIUNTIVO
Presente	Passato Remoto	Presente
godo	godei/godetti	goda
godi	godesti	goda
gode	godé/godette	goda
godiamo	godemmo	godiamo
godete	godeste	godiate
godono	goderono/godettero	godano
Imperfetto	Futuro Semplice	Imperfetto
godevo	**godr**ò	godessi
godevi	**godr**ai	godessi
godeva	**godr**à	godesse
godevamo	**godr**emo	godessimo
godevate	**godr**ete	godeste
godevano	**godr**anno	godessero

CONDIZIONALE	IMPERATIVO	PARTICIPIO
Presente		Presente
godrei	-	godente
godresti	godi	Passato
godrebbe	goda	goduto
godremmo	godiamo	GERUNDIO
godreste	godete	Presente
godrebbero	godano	godendo

49. insistere

INDICATIVO		CONGIUNTIVO
Presente	Passato Remoto	Presente
insisto	insistei/insistetti	insista
insisti	insistesti	insista
insiste	insisté/insistette	insista
insistiamo	insistemmo	insistiamo
insistete	insisteste	insistiate
insistono	insisterono/insistettero	insistano
Imperfetto	Futuro Semplice	Imperfetto
insistevo	insisterò	insistessi
insistevi	insisterai	insistessi
insisteva	insisterà	insistesse
insistevamo	insisteremo	insistessimo
insistevate	insisterete	insisteste
insistevano	insisteranno	insistessero
CONDIZIONALE	IMPERATIVO	PARTICIPIO
Presente		Presente
insisterei	-	insistente
insisteresti	insisti	Passato
insisterebbe	insista	insistito
insisteremmo	insistiamo	GERUNDIO
insistereste	insistete	Presente
insisterebbero	insistano	insistendo

Verbs that follow this model:

assistere, coesistere, consistere, desistere, esistere, insistere, persistere, preesistere, radioassistere, resistere, sussistere

57

50. invadere

INDICATIVO		CONGIUNTIVO
Presente	Passato Remoto	Presente
invado	invasi	invada
invadi	invadesti	invada
invade	invase	invada
invadiamo	invademmo	invadiamo
invadete	invadeste	invadiate
invadono	invasero	invadano
Imperfetto	Futuro Semplice	Imperfetto
invadevo	invaderò	invadessi
invadevi	invaderai	invadessi
invadeva	invaderà	invadesse
invadevamo	invaderemo	invadessimo
invadevate	invaderete	invadeste
invadevano	invaderanno	invadessero

CONDIZIONALE	IMPERATIVO	PARTICIPIO
Presente		Presente
invaderei	-	invadente
invaderesti	invadi	Passato
invaderebbe	invada	invaso
invaderemmo	invadiamo	GERUNDIO
invadereste	invadete	Presente
invaderebbero	invadano	invadendo

Verbs that follow this model:

abradere, evadere, invadere, ledere, pervadere, radere

51. inviare

INDICATIVO		CONGIUNTIVO
Presente	Passato Remoto	Presente
invio	inviai	invii
invii	inviasti	invii
invia	inviò	invii
inviamo	inviammo	**inv**iamo
inviate	inviaste	**inv**iate
inviano	inviarono	inviino
Imperfetto	Futuro Semplice	Imperfetto
inviavo	invierò	inviassi
inviavi	invierai	inviassi
inviava	invierà	inviasse
inviavamo	invieremo	inviassimo
inviavate	invierete	inviaste
inviavano	invieranno	inviassero

CONDIZIONALE	IMPERATIVO	PARTICIPIO
Presente		Presente
invierei	-	inviante
invieresti	invia	Passato
invierebbe	invii	inviato
invieremmo	**inv**iamo	GERUNDIO
inviereste	inviate	Presente
invierebbero	inviino	inviando

Verbs that follow this model:

alleviare, avviare, desiare, deviare, disviare, espiare, forviare, fuorviare, inviare, obliare, odiare, ovviare, pipiare, radiare, ravviare, riavviare, rinviare, sciare, spiare, striare, sviare, variare

☐ Note the difference between this group of verbs and the group of *studiare*.

52. ire

INDICATIVO		CONGIUNTIVO
Presente	Passato Remoto	Presente
-	-	èa
-	isti	-
-	-	-
-	-	-
ite	-	-
-	irono	-
Imperfetto	**Futuro Semplice**	**Imperfetto**
-	irò	-
-	-	-
iva	-	-
-	iremo	-
-	irete	-
ivano	irànno	-

CONDIZIONALE	IMPERATIVO	PARTICIPIO
Presente		Presente
-	-	-
-	-	Passato
-	-	ito
-	-	GERUNDIO
-	ite	Presente
-	-	-

60

53. leggere *to read*

INDICATIVO		CONGIUNTIVO
Presente	Passato Remoto	Presente
leggo	**lessi**	legga
leggi	leggesti	legga
legge	**lesse**	legga
leggiamo	leggemmo	leggiamo
leggete	leggeste	leggiate
leggono	**lessero**	leggano
Imperfetto	Futuro Semplice	Imperfetto
leggevo	leggerò	leggessi
leggevi	leggerai	leggessi
leggeva	leggerà	leggesse
leggevamo	leggeremo	leggessimo
leggevate	leggerete	leggeste
leggevano	leggeranno	leggessero

CONDIZIONALE	IMPERATIVO	PARTICIPIO
Presente		Presente
leggerei	-	leggente
leggeresti	leggi	Passato
leggerebbe	legga	**letto**
leggeremmo	leggiamo	GERUNDIO
leggereste	leggete	Presente
leggerebbero	leggano	leggendo

Verbs that follow this model:
correggere, eleggere, leggere, proteggere, reggere, ricorreggere, rieleggere, rileggere, sorreggere

54. mangiare

INDICATIVO		CONGIUNTIVO
Presente	Passato Remoto	Presente
mangio	mangiai	**mang**i
mangi	mangiasti	**mang**i
mangia	mangiò	**mang**i
mangiamo	mangiammo	**mang**iamo
mangiate	mangiaste	**mang**iate
mangiano	mangiarono	**mang**ino
Imperfetto	Futuro Semplice	Imperfetto
mangiavo	**manger**ò	mangiassi
mangiavi	**manger**ai	mangiassi
mangiava	**manger**à	mangiasse
mangiavamo	**manger**emo	mangiassimo
mangiavate	**manger**ete	mangiaste
mangiavano	**manger**anno	mangiassero

CONDIZIONALE	IMPERATIVO	PARTICIPIO
Presente		Presente
mangerei	-	mangiante
mangeresti	mangia	Passato
mangerebbe	**mang**i	mangiato
mangeremmo	**mang**iamo	GERUNDIO
mangereste	mangiate	Presente
mangerebbero	**mang**ino	mangiando

Verbs that follow this model:

adagiare, aduggiare, albeggiare, aleggiare, alloggiare, alpeggiare, amareggiare, amoreggiare, ancheggiare, appoggiare, arieggiare, armeggiare, arpeggiare, arrangiare, assaggiare, atteggiare, avvantaggiare, azzurreggiare, baccheggiare, bambineggiare, bamboleggiare, beccheggiare, beffeggiare, biancheggiare, bigiare, biondeggiare, birbanteggiare, birboneggiare, bizantineggiare, boccheggiare, bordeggiare, borseggiare, brandeggiare, buffoneggiare, caldeggiare, campeggiare,

candeggiare, cangiare, cannoneggiare, capeggiare, carreggiare,
carteggiare, cazzeggiare, classicheggiare, contagiare,
conteggiare, corseggiare, corteggiare, costeggiare, cruscheggiare,
danneggiare, dardeggiare, destreggiare, dileggiare, disagiare,
disavvantaggiarsi, disormeggiare, dispregiare, diteggiare,
diveggiare, dottoreggiare, drappeggiare, echeggiare, effigiare,
elogiare, equipaggiare, favoleggiare, favoreggiare, festeggiare,
fiammeggiare, fiancheggiare, fileggiare, filosofeggiare,
fiorentineggiare, fiscaleggiare, foggiare, folleggiare, foraggiare,
forgiare, fosforeggiare, franceseggiare, frangiare, fraseggiare,
fregiare, frivoleggiare, frondeggiare, fronteggiare, fumeggiare,
furoreggiare, galleggiare, gareggiare, gatteggiare, giganteggiare,
gigioneggiare, gorgheggiare, grandeggiare, grattugiare,
grecheggiare, guerreggiare, idoleggiare, incoraggiare,
indietreggiare, indugiare, ingaggiare, inneggiare, iperboleggiare,
irraggiare, italianeggiare, ladroneggiare, lampeggiare,
largheggiare, latineggiare, lumeggiare, lussureggiare,
madrigaleggiare, maneggiare, mangiare, mareggiare,
massaggiare, mercanteggiare, meriggiare, metaforeggiare,
molleggiare, moraleggiare, motteggiare, nereggiare, noleggiare,
occhieggiare, oltraggiare, ombreggiare, ondeggiare,
oracoleggiare, ormeggiare, osteggiare, ozieggiare, padroneggiare,
paganeggiare, palleggiare, palpeggiare, panneggiare,
parcheggiare, pareggiare, parteggiare, particolareggiare,
passeggiare, pasteggiare, patteggiare, pavoneggiarsi, pazzeggiare,
pedanteggiare, pennelleggiare, periodeggiare, piaggiare,
pianeggiare, pigiare, pinneggiare, pirateggiare, plagiare,
poggiare, posteggiare, pregiare, primeggiare, privilegiare,
provenzaleggiare, prueggiare, punteggiare, puttaneggiare,
radicaleggiare, raggiare, rameggiare, randeggiare, remeggiare,
riadagiare, riallogiare, riappoggiare, ridicoleggiare, riecheggiare,
rifesteggiare, rifugiare, rifugiarsi, rigalleggiare, rimaneggiare,
rimangiare, rimeggiare, rincoraggiare, ringaggiare, ripareggiare,
ripigiare, rivaleggiare, rosseggiare, rumoreggiare, saccheggiare,
saggiare, salmeggiare, sataneggiare, satireggiare, sbeffeggiare,
scarseggiare, sceneggiare, scheggiare, schiaffeggiare,
scoraggiare, scoreggiare, sdottoreggiare, sermoneggiare,
serpeggiare, sfoggiare, sfrangiare, sfregiare, signoreggiare,
simboleggiare, sloggiare, soleggiare, solfeggiare, someggiare,
sorseggiare, sorteggiare, spadroneggiare, spagnoleggiare,

spalleggiare, spazieggiare, spregiare, spumeggiare, sunteggiare,
svaligiare, svantaggiare, svillaneggiare, taglieggiare,
tambureggiare, tasteggiare, tedescheggiare, temporeggiare,
tenoreggiare, tesoreggiare, tinteggiare, tiranneggiare, titoleggiare,
tondeggiare, tonneggiare, torreggiare, tortoreggiare,
toscaneggiare, traccheggiare, trangugiare, tratteggiare,
troneggiare, vagheggiare, vampeggiare, vaneggiare, veleggiare,
verdeggiare, verseggiare, vetrioleggiare, vezzeggiare, viaggiare,
vigoreggiare, villeggiare, volteggiare

55. mescere

INDICATIVO		CONGIUNTIVO
Presente	Passato Remoto	Presente
mesco	mescei/mescetti	mesca
mesci	mescesti	mesca
mesce	mescé/mescette	mesca
mesciamo	mescemmo	mesciamo
mescete	mesceste	mesciate
mescono	mescerono/mescettero	mescano
Imperfetto	Futuro Semplice	Imperfetto
mescevo	mescerò	mescessi
mescevi	mescerai	mescessi
msceva	mescerà	mescesse
mescevamo	msceremo	mescessimo
mescevate	mescerete	msceste
mescevano	msceranno	mescessero

CONDIZIONALE	IMPERATIVO	PARTICIPIO
Presente		Presente
mescerei	-	mescente
msceresti	mesci	**Passato**
mescerebbe	mesca	mesci**uto**
msceremmo	mesciamo	**GERUNDIO**
mescereste	mescete	Presente
mescerebbero	mescano	mescendo

Verbs that follow this model:
mescere, pascere

Other than their past participles, this group of verbs follow the
pattern of regular -*ere* verbs.

65

56. mettere

INDICATIVO		CONGIUNTIVO
Presente	Passato Remoto	Presente
metto	**misi**	metta
metti	mettesti	metta
mette	**mise**	metta
mettiamo	mettemmo	mettiamo
mettete	metteste	mettiate
mettono	**misero**	mettano
Imperfetto	Futuro Semplice	Imperfetto
mettevo	metterò	mettessi
mettevi	metterai	mettessi
metteva	metterà	mettesse
mettevamo	metteremo	mettessimo
mettevate	metterete	metteste
mettevano	metteranno	mettessero

CONDIZIONALE	IMPERATIVO	PARTICIPIO
Presente		Presente
metterei	-	mettente
metteresti	metti	Passato
metterebbe	metta	**messo**
metteremmo	mettiamo	GERUNDIO
mettereste	mettete	Presente
metterebbero	mettano	mettendo

Verbs that follow this model:

ammettere, commettere, compromettere, dimettere, dismettere, emettere, estromettere, frammettere, immettere, inframmettere, intromettere, manomettere, mettere, omettere, permettere, premettere, promettere, radiotrasmettere, riammettere, ricommettere, riemettere, rimettere, ripromettere, riscommettere, ritrasmettere, scommettere, smettere, sommettere, soprammettere, sottomettere, teletrasmettere, trasmettere

57. morire

INDICATIVO		CONGIUNTIVO
Presente	Passato Remoto	Presente
muoio	morii	**muo**ia
muori	moristi	**muo**ia
muore	morì	**muo**ia
moriamo	morimmo	moriamo
morite	moriste	moriate
muoiono	morirono	**muo**iano
Imperfetto	Futuro Semplice	Imperfetto
morivo	morirò/**morr**ò	morissi
morivi	morirai/**morr**ai	morissi
moriva	morirà/**morr**à	morisse
morivamo	moriremo/**morr**emo	morissimo
morivate	morirete/**morr**ete	moriste
morivano	moriranno/**morr**anno	morissero

CONDIZIONALE	IMPERATIVO	PARTICIPIO
Presente		Presente
morirei/**morr**ei	-	morente
moriresti/**morr**esti	muori	Passato
morirebbe/**morr**ebbe	muoia	mor**to**
moriremmo/**morr**emmo	moriamo	GERUNDIO
morireste/**morr**este	morite	Presente
morirebbero/**morr**ebbero	muoiano	morendo

Verbs that follow this model:

morire, premorire

58. muovere

INDICATIVO		CONGIUNTIVO
Presente	Passato Remoto	Presente
muovo	**mossi**	muova
muovi	m(u)ovesti	muova
muove	**mosse**	muova
m(u)oviamo	m(u)ovemmo	m(u)oviamo
m(u)ovete	m(u)oveste	m(u)oviate
muovono	**mossero**	muovano
Imperfetto	Futuro Semplice	Imperfetto
m(u)ovevo	m(u)overò	m(u)ovessi
m(u)ovevi	m(u)overai	m(u)ovessi
m(u)oveva	m(u)overà	m(u)ovesse
m(u)ovevamo	m(u)overemo	m(u)ovessimo
m(u)ovevate	m(u)overete	m(u)oveste
m(u)ovevano	m(u)overanno	m(u)ovessero

CONDIZIONALE	IMPERATIVO	PARTICIPIO
Presente		Presente
m(u)overei	-	m(u)ovente
m(u)overesti	muovi	Passato
m(u)overebbe	muova	**mosso**
m(u)overemmo	m(u)oviamo	GERUNDIO
m(u)overeste	m(u)ovete	Presente
m(u)overebbe	muovano	m(u)ovendo

Verbs that follow this model:

commuovere, muovere, promuovere, ricommuovere, rimuovere, smuovere, sommuovere

59. nascere

INDICATIVO		CONGIUNTIVO
Presente	Passato Remoto	Presente
nasco	**nacqui**	nasca
nasci	nascesti	nasca
nasce	**nacque**	nasca
nasciamo	nascemmo	nasciamo
nascete	nasceste	nasciate
nascono	**nacquero**	nascano
Imperfetto	Futuro Semplice	Imperfetto
nascevo	nascerò	nascessi
nascevi	nascerai	nascessi
nasceva	nascerà	nascesse
nascevamo	nasceremo	nascessimo
nascevate	nascerete	nasceste
nascevano	nasceranno	nascessero

CONDIZIONALE	IMPERATIVO	PARTICIPIO
Presente		Presente
nascerei	-	nascente
nasceresti	nasci	Passato
nascerebbe	nasca	**nato**
nasceremmo	nasciamo	GERUNDIO
nascereste	nascete	Presente
nascerebbero	nascano	nascendo

Verbs that follow this model:

nascere, prenascere, rinascere

60. nuocere

INDICATIVO		CONGIUNTIVO
Presente	Passato Remoto	Presente
n(u)occio	**nocqui**	**n(u)occia**
nuoci	**n(u)ocesti**	**n(u)occia**
nuoce	**nocque**	**n(u)occia**
n(u)ociamo	**n(u)ocemmo**	**n(u)ociamo**
n(u)ocete	**n(u)oceste**	**n(u)ociate**
n(u)occiono	**nocquero**	**n(u)occiano**
Imperfetto	Futuro Semplice	Imperfetto
n(u)ocevo	**n(u)ocerò**	**n(u)ocessi**
n(u)ocevi	**n(u)ocerai**	**n(u)ocessi**
n(u)oceva	**n(u)ocerà**	**n(u)ocesse**
n(u)ocevamo	**n(u)oceremo**	**n(u)ocessimo**
n(u)ocevate	**n(u)ocerete**	**n(u)oceste**
n(u)ocevano	**n(u)oceranno**	**n(u)ocessero**

CONDIZIONALE	IMPERATIVO	PARTICIPIO
Presente		Presente
n(u)ocerei	-	**n(u)ocente**
n(u)oceresti	nuoci	Passato
n(u)ocerebbe	**n(u)occia**	**n(u)ociuto**
n(u)oceremmo	**n(u)ociamo**	GERUNDIO
n(u)ocereste	**n(u)ocete**	Presente
n(u)ocerebbero	**nuocciano**	**n(u)ocendo**

61. pagare

INDICATIVO		CONGIUNTIVO
Presente	Passato Remoto	Presente
pago	pagai	paghi
paghi	pagasti	paghi
paga	pagò	paghi
paghiamo	pagammo	paghiamo
pagate	pagaste	paghiate
pagano	pagarono	paghino
Imperfetto	Futuro Semplice	Imperfetto
pagavo	pagherò	pagassi
pagavi	pagherai	pagassi
pagava	pagherà	pagasse
pagavamo	pagheremo	pagassimo
pagavate	pagherete	pagaste
pagavano	pagheranno	pagassero

CONDIZIONALE	IMPERATIVO	PARTICIPIO
Presente		Presente
pagherei	-	pagante
pagheresti	paga	**Passato**
pagherebbe	paghi	pagato
pagheremmo	paghiamo	**GERUNDIO**
paghereste	pagate	Presente
pagherebbero	paghino	pagando

Verbs that follow this model:

abnegare, abrogare, addogare, affogare, aggiogare, aggregare, albergare, allagare, allargare, allegare, allogare, allungare, annegare, appagare, arringare, arrogare, asciugare, astrologare, attergare, brigare, cagare, castigare, catalogare, centrifugare, circumnavigare, collegare, compiegare, congregare, coniugare, corrugare, defatigare, delegare, denegare, derogare, dialogare, dilagare, dilungare, disaggregare, disbrigare, disgregare, disobbligare, dispiegare, dittongare, divagare, divulgare, dragare, drogare, erogare, espurgare, fregare, frugare, fugare, fumigare, fustigare, girovagare, impelagarsi, impiagare, impiegare, indagare, infangare, ingorgare, interrogare, intrigare, investigare, irrigare, irrogare, istigare, largare, legare, levigare, litigare, lusingare, mitigare, monologare, naufragare, navigare, negare, obbligare, omologare, pagare, piagare, piegare, postergare, pregare, prodigare, prolungare, promulgare, propagare, prorogare, prosciugare, purgare, rallargare, ramingare, rasciugare, rassegare, reimpiegare, relegare, remigare, riaggiogare, riaggregare, riallargare, riallungare, riasciugare, ricollegare, riepilogare, rifrugare, rigare, rilegare, rimpiegare, rinavigare, rinfangare, rinnegare, rinterrogare, rinvangare, riobbligare, ripagare, ripiagare, ripiegare, risegare, rispiegare, rivangare, rogare, sbrigare, sdogare, segare, segregare, sfangare, sfogare, sfregare, sgorgare, siringare, slargare, slegare, slogare, soggiogare, sottopagare, spiegare, spigare, sprangare, spurgare, stangare, strapagare, stregare, stringare, strologare, subdelegare, suffragare, surrogare, svagare, targare, trafugare, vagare, vangare, vergare, vogare, volgare, zigare, zigzagare

62. parere

INDICATIVO		CONGIUNTIVO
Presente	Passato Remoto	Presente
paio	**parvi**	**pai**a
pari	paresti	**pai**a
pare	**parve**	**pai**a
paiamo	paremmo	**pai**amo
parete	pareste	**pai**ate
paiono	**parvero**	**pai**ano

Imperfetto	Futuro Semplice	Imperfetto
parevo	**parr**ò	paressi
parevi	**parr**ai	paressi
pareva	**parr**à	paresse
parevamo	**parr**emo	paressimo
parevate	**parr**ete	pareste
parevano	**parr**anno	paressero

CONDIZIONALE	IMPERATIVO	PARTICIPIO
Presente		Presente
parrei	-	**parv**ente
parresti	-	Passato
parrebbe	-	**parso**
parremmo	-	GERUNDIO
parreste	-	Presente
parrebbero	-	parendo

63. partire

INDICATIVO		CONGIUNTIVO
Presente	Passato Remoto	Presente
parto	partii	parta
parti	partisti	parta
parte	partì	parta
partiamo	partimmo	partiamo
partite	partiste	partiate
partono	partirono	partano
Imperfetto	Futuro Semplice	Imperfetto
partivo	partirò	partissi
partivi	partirai	partissi
partiva	partirà	partisse
partivamo	partiremo	partissimo
partivate	partirete	partiste
partivano	partiranno	partissero

CONDIZIONALE	IMPERATIVO	PARTICIPIO
Presente		Presente
partirei	-	partente
partiresti	parti	Passato
partirebbe	parta	partito
partiremmo	partiamo	GERUNDIO
partireste	partite	Presente
partirebbero	partano	partendo

Verbs that follow this model:

aborrire, acconsentire, applaudire, assentire, assorbire, avvertire,
bollire, conseguire, consentire, controvertere, convertire,
disinvestire, dissentire, divertire, dormire, eseguire, fuggire,
inseguire, invertire, investire, mentire, nutrire, partire, pentirsi,
perseguire, pervertire, plaudire, preavvertire, presentire,
proseguire, reinvestire, riapplaudire, riassorbire, riavvertire,
ribollire, riconvertire, ridormire, rieseguire, rifuggire, rinvestire,
ripartire, risentire, rivestire, scompartire, seguire, sentire, servire,

sfuggire, sobbollire, sovvertire, susseguire, svestire, travestire, vestire

☐ *assorbire* has two past participles: *assorbito* and *assorto*.

☐ *controvertere* is a defective verb and is conjugated like *partire*, though ending in *-ere*.

64. perdere

INDICATIVO		CONGIUNTIVO
Presente	Passato Remoto	Presente
perdo	**persi**	perda
perdi	perdesti	perda
perde	**perse**	perda
perdiamo	perdemmo	perdiamo
perdete	perdeste	perdiate
perdono	**persero**	perdano
Imperfetto	Futuro Semplice	Imperfetto
perdevo	perderò	perdessi
perdevi	perderai	perdessi
perdeva	perderà	perdesse
perdevamo	perderemo	perdessimo
perdevate	perderete	perdeste
perdevano	perderanno	perdessero
CONDIZIONALE	IMPERATIVO	PARTICIPIO
Presente		Presente
perderei	-	perdente
perderesti	perdi	Passato
perderebbe	perda	**perso**/perduto
perderemmo	perdiamo	GERUNDIO
perdereste	perdete	Presente
perderebbero	perdano	perdendo

Verbs that follow this model:

disperdere, perdere, riperdere, sperdere

65. persuadere

INDICATIVO		CONGIUNTIVO
Presente	Passato Remoto	Presente
persuado	**persuasi**	persuada
persuadi	persuadesti	persuada
persuade	**persuase**	persuada
persuadiamo	persuademmo	persuadiamo
persuadete	persuadeste	persuadiate
persuadono	**persuasero**	persuadano
Imperfetto	Futuro Semplice	Imperfetto
persuadevo	persuaderò	persuadessi
persuadevi	persuaderai	persuadessi
persuadeva	persuaderà	persuadesse
persuadevamo	persuaderemo	persuadessimo
persuadevate	persuaderete	persuadeste
persuadevano	persuaderanno	persuadessero

CONDIZIONALE	IMPERATIVO	PARTICIPIO
Presente		Presente
persuaderei	-	persuadente
persuaderesti	persuadi	Passato
persuaderebbe	persuada	**persuaso**
persuaderemmo	persuadiamo	GERUNDIO
persuadereste	persuadete	Presente
persuaderebbero	persuadano	persuadendo

Verbs that follow this model:
dissuadere, persuadere, suadere

66. piacere

INDICATIVO		CONGIUNTIVO
Presente	Passato Remoto	Presente
piaccio	piacqui	piaccia
piaci	piacesti	piaccia
piace	piacque	piaccia
piacciamo	piacemmo	piacciamo
piacete	piaceste	piacciate
piacciono	piacquero	piacciano
Imperfetto	Futuro Semplice	Imperfetto
piacevo	piacerò	piacessi
piacevi	piacerai	piacessi
piaceva	piacerà	piacesse
piacevamo	piaceremo	piacessimo
piacevate	piacerete	piaceste
piacevano	piaceranno	piacessero

CONDIZIONALE	IMPERATIVO	PARTICIPIO
Presente		Presente
piacerei	-	piacente
piaceresti	piaci	Passato
piacerebbe	piaccia	piaciuto
piaceremmo	piacciamo	GERUNDIO
piacereste	piacete	Presente
piacerebbero	piacciano	piacendo

Verbs that follow this model:

compiacere, dispiacere, giacere, piacere, soggiacere, sottacere, spiacere, tacere

78

67. piangere

INDICATIVO		CONGIUNTIVO
Presente	Passato Remoto	Presente
piango	**piansi**	pianga
piangi	piangesti	pianga
piange	**pianse**	pianga
piangiamo	piangemmo	piangiamo
piangete	piangeste	piangiate
piangono	**piansero**	piangano
Imperfetto	Futuro Semplice	Imperfetto
piangevo	piangerò	piangessi
piangevi	piangerai	piangessi
piangeva	piangerà	piangesse
piangevamo	piangeremo	piangessimo
piangevate	piangerete	piangeste
piangevano	piangeranno	piangessero

CONDIZIONALE	IMPERATIVO	PARTICIPIO
Presente		Presente
piangerei	-	piangente
piangeresti	piangi	Passato
piangerebbe	pianga	**pianto**
piangeremmo	piangiamo	GERUNDIO
piangereste	piangete	Presente
piangerebbero	piangano	piangendo

Verbs that follow this model:

angere, compiangere, frangere, infrangere, piangere, rifrangere, rimpiangere, rinfrangere

68. piovere

INDICATIVO		CONGIUNTIVO
Presente	Passato Remoto	Presente
-	-	-
-	-	-
piove	piovve	piova
-	-	-
-	-	-
piovono	piovvero	piovano
Imperfetto	**Futuro Semplice**	**Imperfetto**
-	-	-
-	-	-
pioveva	pioverà	piovesse
-	-	-
-	-	-
piovevano	pioveranno	piovessero

CONDIZIONALE	IMPERATIVO	PARTICIPIO
Presente		Presente
-	-	piovente
-	-	Passato
pioverebbe	piova	piovuto
-	-	GERUNDIO
-	-	Presente
pioveranno	piovano	piovendo

Verbs that follow this model:
piovere, ripiovere, spiovere

69. porgere

INDICATIVO		CONGIUNTIVO
Presente	Passato Remoto	Presente
porgo	**porsi**	porga
porgi	porgesti	porga
porge	**porse**	porga
porgiamo	porgemmo	porgiamo
porgete	porgeste	porgiate
porgono	**porsero**	porgano
Imperfetto	Futuro Semplice	Imperfetto
porgevo	porgerò	porgessi
porgevi	porgerai	porgessi
porgeva	porgerà	porgesse
porgevamo	porgeremo	porgessimo
porgevate	porgerete	porgeste
porgevano	porgeranno	porgessero

CONDIZIONALE	IMPERATIVO	PARTICIPIO
Presente		Presente
porgerei	-	porgente
porgeresti	porgi	Passato
porgerebbe	porga	**porto**
porgeremmo	porgiamo	GERUNDIO
porgereste	porgete	Presente
porgerebbero	porgano	porgendo

Verbs that follow this model:
accorgersi, assurgere, insorgere, porgere, risorgere, scorgere, sorgere, sporgere, urgere

81

70. porre to put

INDICATIVO		CONGIUNTIVO
Presente	Passato Remoto	Presente
pongo	posi	ponga
poni	ponesti	ponga
pone	pose	ponga
poniamo	ponemmo	poniamo
ponete	poneste	poniate
pongono	posero	pongano
Imperfetto	Futuro Semplice	Imperfetto
ponevo	porrò	ponessi
ponevi	porrai	ponessi
poneva	porrà	ponesse
ponevamo	porremo	ponessimo
ponevate	porrete	poneste
ponevano	porranno	ponessero

CONDIZIONALE	IMPERATIVO	PARTICIPIO
Presente		Presente
porrei	-	ponente
porresti	poni	Passato
porrebbe	ponga	posto
porremmo	poniamo	GERUNDIO
porreste	ponete	Presente
porrebbero	pongano	ponendo

Verbs that follow this model:

anteporre, apporre, comporre, contrapporre, decomporre,
deporre, disporre, esporre, fotocomporre, frapporre, giustapporre,
imporre, indisporre, interporre, opporre, porre, posporre,
predisporre, preporre, presupporre, proporre, ricomporre,
ridisporre, riesporre, riporre, riproporre, scomporre, soprapporre,
sottoporre, sovraesporre, sovraimporre, sovrapporre, sovresporre,
sovrimporre, supporre, trasporre

71. potere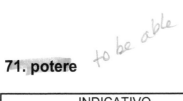

INDICATIVO		CONGIUNTIVO
Presente	Passato Remoto	Presente
posso	potei/potetti	**poss**a
puoi	potesti	**poss**a
può	poté/potette	**poss**a
possiamo	potemmo	**poss**iamo
potete	poteste	**poss**iate
possono	poterono/potettero	**poss**ano
Imperfetto	Futuro Semplice	Imperfetto
potevo	**potr**ò	potessi
potevi	**potr**ai	potessi
poteva	**potr**à	potesse
potevamo	**potr**emo	potessimo
potevate	**potr**ete	poteste
potevano	**potr**anno	potessero

CONDIZIONALE	IMPERATIVO	PARTICIPIO
Presente		Presente
potrei	-	potente
potresti	-	Passato
potrebbe	-	potuto
potremmo	-	GERUNDIO
potreste	-	Presente
potrebbero	-	potendo

Verbs that follow this model:

potere, ripotere

72. prendere to take

INDICATIVO		CONGIUNTIVO
Presente	Passato Remoto	Presente
prendo	**presi**	prenda
prendi	prendesti	prenda
prende	**prese**	prenda
prendiamo	prendemmo	prendiamo
prendete	prendeste	prendiate
prendono	**presero**	prendano
Imperfetto	Futuro Semplice	Imperfetto
prendevo	prenderò	prendessi
prendevi	prenderai	prendessi
prendeva	prenderà	prendesse
prendevamo	prenderemo	prendessimo
prendevate	prenderete	prendeste
prendevano	prenderanno	prendessero
CONDIZIONALE	IMPERATIVO	PARTICIPIO
Presente		Presente
prenderei	-	prendente
prenderesti	prendi	Passato
prenderebbe	prenda	**preso**
prenderemmo	prendiamo	GERUNDIO
prendereste	prendete	Presente
prenderebbero	prendano	prendendo

Verbs that follow this model:

accendere, accondiscendere, appendere, apprendere, arrendere, ascendere, attendere, comprendere, condiscendere, contendere, difendere, dipendere, disattendere, discendere, distendere, estendere, fraintendere, imprendere, intendere, intraprendere, offendere, pendere, prendere, pretendere, propendere, protendere, rapprendere, rendere, riaccendere, riappendere, ricomprendere, ridiscendere, riprendere, riscendere, scendere, scoscendere, sopraintendere, soprintendere, sorprendere, sospendere, sottendere, sottintendere, sovrintendere, spendere, stendere, tendere, trascendere, vilipendere

73. presumere

INDICATIVO		CONGIUNTIVO
Presente	Passato Remoto	Presente
presumo	**presunsi**	presuma
presumi	presumesti	presuma
presume	**presunse**	presuma
presumiamo	presumemmo	presumiamo
presumete	presumeste	presumiate
presumono	**presunsero**	presumano
Imperfetto	Futuro Semplice	Imperfetto
presumevo	presumerò	presumessi
presumevi	presumerai	presumessi
presumeva	presumerà	presumesse
presumevamo	presumeremo	presumessimo
presumevate	presumerete	presumeste
presumevano	presumeranno	presumessero

CONDIZIONALE	IMPERATIVO	PARTICIPIO
Presente		Presente
presumerei	-	presumente
presumeresti	presumi	Passato
presumerebbe	presuma	**presunto**
presumeremmo	presumiamo	GERUNDIO
presumereste	presumete	Presente
presumerebbero	presumano	presumendo

Verbs that follow this model:

assumere, consumere, desumere, presumere, riassumere

74. redigere

INDICATIVO		CONGIUNTIVO
Presente	Passato Remoto	Presente
redigo	**redassi**	rediga
redigi	redigesti	rediga
redige	**redasse**	rediga
redigiamo	redigemmo	redigiamo
redigete	redigeste	redigiate
redigono	**redassero**	redigano
Imperfetto	Futuro Semplice	Imperfetto
redigevo	redigerò	redigessi
redigevi	redigerai	redigessi
redigeva	redigerà	redigesse
redigevamo	redigeremo	redigessimo
redigevate	redigerete	redigeste
redigevano	redigeranno	redigessero

CONDIZIONALE	IMPERATIVO	PARTICIPIO
Presente		Presente
redigerei	-	redigente
redigeresti	redigi	Passato
redigerebbe	rediga	**redatto**
redigeremmo	redigiamo	GERUNDIO
redigereste	redigete	Presente
redigerebbero	redigano	redigendo

Verbs that follow this model:
esigere, redigere, transigere

75. redimere

INDICATIVO		CONGIUNTIVO
Presente	Passato Remoto	Presente
redimo	**redensi**	redima
redimi	redimesti	redima
redime	**redense**	redima
redimiamo	redimemmo	redimiamo
redimete	redimeste	redimiate
redimono	**redensero**	redimano
Imperfetto	Futuro Semplice	Imperfetto
redimevo	redimerò	redimessi
redimevi	redimerai	redimessi
redimeva	redimerà	redimesse
redimevamo	redimeremo	redimessimo
redimevate	redimerete	redimeste
redimevano	redimeranno	redimessero

CONDIZIONALE	IMPERATIVO	PARTICIPIO
Presente		Presente
redimerei	-	redimente
redimeresti	redimi	Passato
redimerebbe	redima	**redento**
redimeremmo	redimiamo	GERUNDIO
redimereste	redimete	Presente
redimerebbero	redimano	redimendo

76. ridere to laugh

INDICATIVO		CONGIUNTIVO
Presente	Passato Remoto	Presente
rido	**risi**	rida
ridi	ridesti	rida
ride	**rise**	rida
ridiamo	ridemmo	ridiamo
ridete	rideste	ridiate
ridono	**risero**	ridano
Imperfetto	Futuro Semplice	Imperfetto
ridevo	riderò	ridessi
ridevi	riderai	ridessi
rideva	riderà	ridesse
ridevamo	rideremo	ridessimo
ridevate	riderete	rideste
ridevano	rideranno	ridessero

CONDIZIONALE	IMPERATIVO	PARTICIPIO
Presente		Presente
riderei	-	ridente
rideresti	ridi	Passato
riderebbe	rida	**riso**
rideremmo	ridiamo	GERUNDIO
ridereste	ridete	Presente
riderebbero	ridano	ridendo

Verbs that follow this model:
arridere, assidere, circoncidere, coincidere, collidere,
condividere, conquidere, decidere, deridere, dividere, elidere,
incidere, intridere, irridere, recidere, ridere, ridividere, sorridere,
succidere, suddividere, uccidere

77. rimanere   to stay or remain

INDICATIVO		CONGIUNTIVO
Presente	Passato Remoto	Presente
rimango	**rimasi**	**rimang**a
rimani	rimanesti	**rimang**a
rimane	**rimase**	**rimang**a
rimaniamo	rimanemmo	rimaniamo
rimanete	rimaneste	rimaniate
rimangono	**rimasero**	**rimang**ano
Imperfetto	Futuro Semplice	Imperfetto
rimanevo	**rimarr**ò	rimanessi
rimanevi	**rimarr**ai	rimanessi
rimaneva	**rimarr**à	rimanesse
rimanevamo	**rimarr**emo	rimanessimo
rimanevate	**rimarr**ete	rimaneste
rimanevano	**rimarr**anno	rimanessero

CONDIZIONALE	IMPERATIVO	PARTICIPIO
Presente		Presente
rimarrei	-	rimanente
rimarresti	rimani	Passato
rimarrebbe	**rimang**a	**rimasto**
rimarremmo	rimaniamo	GERUNDIO
rimarreste	rimanete	Presente
rimarrebbero	**rimang**ano	rimanendo

Verbs that follow this model:

permanere, rimanere

78. rispondere

to respose / answer (handwritten)

INDICATIVO		CONGIUNTIVO
Presente	Passato Remoto	Presente
rispondo	**risposi**	risponda
rispondi	rispondesti	risponda
risponde	**rispose**	risponda
rispondiamo	rispondemmo	rispondiamo
rispondete	rispondeste	rispondiate
rispondono	**risposero**	rispondano
Imperfetto	Futuro Semplice	Imperfetto
rispondevo	risponderò	rispondessi
rispondevi	risponderai	rispondessi
rispondeva	risponderà	rispondesse
rispondevamo	risponderemo	rispondessimo
rispondevate	risponderete	rispondeste
rispondevano	risponderanno	rispondessero

CONDIZIONALE	IMPERATIVO	PARTICIPIO
Presente		Presente
risponderei	-	rispondente
risponderesti	rispondi	Passato
risponderebbe	risponda	**risposto**
risponderemmo	rispondiamo	GERUNDIO
rispondereste	rispondete	Presente
risponderebbero	rispondano	rispondendo

Verbs that follow this model:

ascondere, corrispondere, nascondere, rispondere

79. rodere

INDICATIVO		CONGIUNTIVO
Presente	Passato Remoto	Presente
rodo	**rosi**	roda
rodi	rodesti	roda
rode	**rose**	roda
rodiamo	rodemmo	rodiamo
rodete	rodeste	rodiate
rodono	**rosero**	rodano
Imperfetto	Futuro Semplice	Imperfetto
rodevo	roderò	rodessi
rodevi	roderai	rodessi
rodeva	roderà	rodesse
rodevamo	roderemo	rodessimo
rodevate	roderete	rodeste
rodevano	roderanno	rodessero

CONDIZIONALE	IMPERATIVO	PARTICIPIO
Presente		Presente
roderei	-	rodente
roderesti	rodi	Passato
roderebbe	roda	**roso**
roderemmo	rodiamo	GERUNDIO
rodereste	rodete	Presente
roderebbero	rodano	rodendo

Verbs that follow this model:

corrodere, erodere, esplodere, riesplodere, rodere

92

80. rompere  to break

INDICATIVO		CONGIUNTIVO
Presente	Passato Remoto	Presente
rompo	**ruppi**	rompa
rompi	rompesti	rompa
rompe	**ruppe**	rompa
rompiamo	rompemmo	rompiamo
rompete	rompeste	rompiate
rompono	**ruppero**	rompano
Imperfetto	Futuro Semplice	Imperfetto
rompevo	romperò	rompessi
rompevi	romperai	rompessi
rompeva	romperà	rompesse
rompevamo	romperemo	rompessimo
rompevate	romperete	rompeste
rompevano	romperanno	rompessero

CONDIZIONALE	IMPERATIVO	PARTICIPIO
Presente		Presente
romperei	-	rompente
romperesti	rompi	Passato
romperebbe	rompa	**rotto**
romperemmo	rompiamo	GERUNDIO
rompereste	rompete	Presente
romperebbero	rompano	rompendo

Verbs that follow this model:

corrompere, dirompere, erompere, interrompere, irrompere, prorompere, rompere

81. salire go out

INDICATIVO		CONGIUNTIVO
Presente	Passato Remoto	Presente
salgo	salii	**salg**a
sali	salisti	**salg**a
sale	salì	**salg**a
saliamo	salimmo	saliamo
salite	saliste	saliate
salgono	salirono	**salg**ano
Imperfetto	Futuro Semplice	Imperfetto
salivo	salirò	salissi
salivi	salirai	salissi
saliva	salirà	salisse
salivamo	saliremo	salissimo
salivate	salirete	saliste
salivano	saliranno	salissero

CONDIZIONALE	IMPERATIVO	PARTICIPIO
Presente		Presente
salirei	-	salente/sal**iente**
saliresti	sali	Passato
salirebbe	salga	salito
saliremmo	saliamo	GERUNDIO
salireste	salite	Presente
salirebbero	salgano	salendo

Verbs that follow this model:

assalire, riassalire, risalire, salire

82. sapere *to know (facts)*

INDICATIVO		CONGIUNTIVO
Presente	Passato Remoto	Presente
so	seppi	sappia
sai	sapesti	sappia
sa	seppe	sappia
sappiamo	sapemmo	sappiamo
sapete	sapeste	sappiate
sanno	seppero	sappiano
Imperfetto	Futuro Semplice	Imperfetto
sapevo	saprò	sapessi
sapevi	saprai	sapessi
sapeva	saprà	sapesse
sapevamo	sapremo	sapessimo
sapevate	saprete	sapeste
sapevano	sapranno	sapessero

CONDIZIONALE	IMPERATIVO	PARTICIPIO
Presente		Presente
saprei	-	-
sapresti	sappi	
saprebbe	sappia	Passato
sapremmo	sappiamo	saputo
sapreste	sappiate	GERUNDIO
saprebbero	sappiano	Presente
		sapendo

Verbs that follow this model:

risapere, sapere

83. scindere

INDICATIVO		CONGIUNTIVO
Presente	Passato Remoto	Presente
scindo	**scissi**	scinda
scindi	scindesti	scinda
scinde	**scisse**	scinda
scindiamo	scindemmo	scindiamo
scindete	scindeste	scindiate
scindono	**scissero**	scindano
Imperfetto	Futuro Semplice	Imperfetto
scindevo	scinderò	scindessi
scindevi	scinderai	scindessi
scindeva	scinderà	scindesse
scindevamo	scinderemo	scindessimo
scindevate	scinderete	scindeste
scindevano	scinderanno	scindessero

CONDIZIONALE	IMPERATIVO	PARTICIPIO
Presente		Presente
scinderei	-	scindente
scinderesti	scindi	Passato
scinderebbe	scinda	**scisso**
scinderemmo	scindiamo	GERUNDIO
scindereste	scindete	Presente
scinderebbero	scindano	scindendo

Verbs that follow this model:

prescindere, rescindere, scindere

96

84. sciogliere

INDICATIVO		CONGIUNTIVO
Presente	Passato Remoto	Presente
sciolgo	sciolsi	sciolga
sciogli	sciogliesti	sciolga
scioglie	sciolse	sciolga
sciogliamo	sciogliemmo	sciogliamo
sciogliete	scioglieste	sciogliate
sciolgono	sciolsero	sciolgano
Imperfetto	Futuro Semplice	Imperfetto
scioglievo	scioglierò	sciogliessi
scioglievi	scioglierai	sciogliessi
scioglieva	scioglierà	sciogliesse
scioglievamo	scioglieremo	sciogliessimo
scioglievate	scioglierete	scioglieste
scioglievano	scioglieranno	sciogliessero

CONDIZIONALE	IMPERATIVO	PARTICIPIO
Presente		Presente
scioglierei	-	sciogliente
scioglieresti	sciogli	**Passato**
scioglierebbe	sciolga	sciolto
scioglieremmo	sciogliamo	**GERUNDIO**
sciogliereste	sciogliete	Presente
scioglierebbero	sciolgano	sciogliendo

Verbs that follow this model:

accogliere, cogliere, disciogliere, distogliere, incogliere, prescegliere, prosciogliere, raccogliere, ricogliere, ridisciogliere, riscegliere, risciogliere, ritogliere, scegliere, sciogliere, togliere, trascegliere

85. scrivere

INDICATIVO		CONGIUNTIVO
Presente	Passato Remoto	Presente
scrivo	**scrissi**	scriva
scrivi	scrivesti	scriva
scrive	**scrisse**	scriva
scriviamo	scrivemmo	scriviamo
scrivete	scriveste	scriviate
scrivono	**scrissero**	scrivano
Imperfetto	Futuro Semplice	Imperfetto
scrivevo	scriverò	scrivessi
scrivevi	scriverai	scrivessi
scriveva	scriverà	scrivesse
scrivevamo	scriveremo	scrivessimo
scrivevate	scriverete	scriveste
scrivevano	scriveranno	scrivessero

CONDIZIONALE	IMPERATIVO	PARTICIPIO
Presente		Presente
scriverei	-	scrivente
scriveresti	scrivi	Passato
scriverebbe	scriva	**scritto**
scriveremmo	scriviamo	GERUNDIO
scrivereste	scrivete	Presente
scriverebbero	scrivano	scrivendo

Verbs that follow this model:

ascrivere, circoscrivere, coscrivere, dattiloscrivere, descrivere, inscrivere, iscrivere, prescrivere, proscrivere, riscrivere, scrivere, sottoscrivere, trascrivere

86. scuotere

INDICATIVO		CONGIUNTIVO
Presente	Passato Remoto	Presente
scuoto	**scossi**	scuota
scuoti	sc(u)otesti	scuota
scuote	**scosse**	scuota
sc(u)otiamo	sc(u)otemmo	sc(u)otiamo
sc(u)otete	sc(u)oteste	sc(u)otiate
scuotono	**scossero**	scuotano
Imperfetto	Futuro Semplice	Imperfetto
sc(u)otevo	sc(u)oterò	sc(u)otessi
sc(u)otevi	sc(u)oterai	sc(u)otessi
sc(u)oteva	sc(u)oterà	sc(u)otesse
sc(u)otevamo	sc(u)oteremo	sc(u)otessimo
sc(u)otevate	sc(u)oterete	sc(u)oteste
sc(u)otevano	sc(u)oteranno	sc(u)otessero

CONDIZIONALE	IMPERATIVO	PARTICIPIO
Presente		Presente
sc(u)oterei	-	sc(u)otente
sc(u)oteresti	scuoti	Passato
sc(u)oterebbe	scuota	**scosso**
sc(u)oteremmo	sc(u)otiamo	GERUNDIO
sc(u)otereste	sc(u)otete	Presente
sc(u)oterebbero	scuotano	sc(u)otendo

Verbs that follow this model:
percuotere, ripercuotere, riscuotere, scuotere

87. sedere *to sit*

INDICATIVO		CONGIUNTIVO
Presente	Passato Remoto	Presente
siedo/seggo	sedei/sedetti	sieda/segga
siedi	sedesti	sieda/segga
siede	sedé/sedette	sieda/segga
sediamo	sedemmo	sediamo
sedete	sedeste	sediate
siedono/seggono	sederono/sedettero	siedano/seggano
Imperfetto	Futuro Semplice	Imperfetto
sedevo	sederò/siederò	sedessi
sedevi	sederai/siederai	sedessi
sedeva	sederà/siederà	sedesse
sedevamo	sederemo/siederemo	sedessimo
sedevate	sederete/siederete	sedeste
sedevano	sederanno/siederanno	sedessero

CONDIZIONALE	IMPERATIVO	PARTICIPIO
Presente		Presente
sederei/siederei	-	sedente
sederesti/siederesti	siedi	Passato
sederebbe/siederebbe	sieda/segga	seduto
sederemmo/siederemmo	sediamo	GERUNDIO
sedereste/siedereste	sedete	Presente
sederebbero/siederebbero	siedano/seggano	sedendo

Verbs that follow this model:

possedere, risedere, sedere, soprassedere

88. solere

INDICATIVO		CONGIUNTIVO
Presente	Passato Remoto	Presente
soglio	solei	**sogli**a
suoli	solesti	**sogli**a
suole	solé	**sogli**a
sogliamo	solemmo	**sogli**amo
solete	soleste	**sogli**ate
sogliono	solerono	**sogli**ano
Imperfetto	Futuro Semplice	Imperfetto
solevo	-	solessi
solevi	-	solessi
soleva	-	solesse
solevamo	-	solessimo
solevate	-	soleste
solevano	-	solessero

CONDIZIONALE	IMPERATIVO	PARTICIPIO
Presente		Presente
-	-	-
-	-	Passato
-	-	solito
-	-	GERUNDIO
-	-	Presente
-	-	solendo

89. spargere

INDICATIVO		CONGIUNTIVO
Presente	Passato Remoto	Presente
spargo	**sparsi**	sparga
spargi	spargesti	sparga
sparge	**sparse**	sparga
spargiamo	spargemmo	spargiamo
spargete	spargeste	spargiate
spargono	**sparsero**	spargano
Imperfetto	Futuro Semplice	Imperfetto
spargevo	spargerò	spargessi
spargevi	spargerai	spargessi
spargeva	spargerà	spargesse
spargevamo	spargeremo	spargessimo
spargevate	spargerete	spargeste
spargevano	spargeranno	spargessero

CONDIZIONALE	IMPERATIVO	PARTICIPIO
Presente		Presente
spargerei	-	spargente
spargeresti	spargi	Passato
spargerebbe	sparga	**sparso**
spargeremmo	spargiamo	GERUNDIO
spargereste	spargete	Presente
spargerebbero	spargano	spargendo

Verbs that follow this model:
cospargere, spargere

90. spegnere

INDICATIVO		CONGIUNTIVO
Presente	Passato Remoto	Presente
spengo	**spensi**	**speng**a
spegni	spegnesti	**speng**a
spegne	**spense**	**speng**a
spegniamo	spegnemmo	spegniamo
spegnete	spegneste	spegniate
spengono	**spensero**	**speng**ano
Imperfetto	Futuro Semplice	Imperfetto
spegnevo	spegnerò	spegnessi
spegnevi	spegnerai	spegnessi
spegneva	spegnerà	spegnesse
spegnevamo	spegneremo	spegnessimo
spegnevate	spegnerete	spegneste
spegnevano	spegneranno	spegnessero
CONDIZIONALE	IMPERATIVO	PARTICIPIO
Presente		Presente
spegnerei	-	spegnente
spegneresti	spegni	Passato
spegnerebbe	**speng**a	**spento**
spegneremmo	spegniamo	GERUNDIO
spegnereste	spegnete	Presente
spegnerebbero	**speng**ano	spegnendo

Verbs that follow this model:

spegnere, spengere

91. stare *to stay*

INDICATIVO		CONGIUNTIVO
Presente	**Passato Remoto**	**Presente**
sto	stetti	stia
stai	stesti	stia
sta	stette	stia
stiamo	stemmo	stiamo
state	steste	stiate
stanno	stettero	stiano
Imperfetto	**Futuro Semplice**	**Imperfetto**
stavo	starò	stessi
stavi	starai	stessi
stava	starà	stesse
stavamo	staremo	stessimo
stavate	starete	steste
stavano	staranno	stessero

CONDIZIONALE	IMPERATIVO	PARTICIPIO
Presente		**Presente**
starei	-	stante
staresti	stai / sta'	**Passato**
starebbe	stia	stato
staremmo	stiamo	**GERUNDIO**
stareste	state	**Presente**
starebbero	stiano	stando

Verbs that follow this model:

sottostare, stare

92. stringere

INDICATIVO		CONGIUNTIVO
Presente	Passato Remoto	Presente
stringo	**strinsi**	stringa
stringi	stringesti	stringa
stringe	**strinse**	stringa
stringiamo	stringemmo	stringiamo
stringete	stringeste	stringiate
stringono	**strinsero**	stringano
Imperfetto	Futuro Semplice	Imperfetto
stringevo	stringerò	stringessi
stringevi	stringerai	stringessi
stringeva	stringerà	stringesse
stringevamo	stringeremo	stringessimo
stringevate	stringerete	stringeste
stringevano	stringeranno	stringessero

CONDIZIONALE	IMPERATIVO	PARTICIPIO
Presente		Presente
stringerei	-	stringente
stringeresti	stringi	Passato
stringerebbe	stringa	**stretto**
stringeremmo	stringiamo	GERUNDIO
stringereste	stringete	Presente
stringerebbero	stringano	stringendo

Verbs that follow this model:

astringere, costringere, restringere, ristringere, stringere

93. studiare

INDICATIVO		CONGIUNTIVO
Presente	Passato Remoto	Presente
studio	studiai	**stud**i
studi	studiasti	**stud**i
studia	studiò	**stud**i
studiamo	studiammo	**stud**iamo
studiate	studiaste	**stud**iate
studiano	studiarono	**stud**ino
Imperfetto	Futuro Semplice	Imperfetto
studiavo	studierò	studiassi
studiavi	studierai	studiassi
studiava	studierà	studiasse
studiavamo	studieremo	studiassimo
studiavate	studierete	studiaste
studiavano	studieranno	studiassero

CONDIZIONALE	IMPERATIVO	PARTICIPIO
Presente		Presente
studierei	-	studiante
studieresti	studia	Passato
studierebbe	**stud**i	studiato
studieremmo	**stud**iamo	GERUNDIO
studiereste	studiate	Presente
studierebbero	**stud**ino	studiando

Verbs that follow this model:
abbacchiare, abbagliare, abbaiare, abbarbagliare, abbatacchiare,
abbigliare, abbreviare, abbruciacchiare, abbuiare, accalappiare,
accapigliare, accerchiare, acciaiare, accigliare, accoppiare,
adocchiare, adunghiare, affibbiare, affiliare, agghiaiare,
aggranchiare, aggraziare, aggrovigliare, agguagliare, agucchiare,
alloppiare, ambiare, ammagliare, ammaliare, ammanigliare,
ammobiliare, ammogliare, ammonticchiare, ammucchiare,
amnistiare, ampliare, angariare, angustiare, annaffiare,

106

annebbiare, annoiare, annunziare, appaiare, apparecchiare,
apparigliare, appigliarsi, appollaiarsi, appropriare, archiviare,
arrabbiare, arrischiare, artigliare, asfissiare, assediare,
asserragliare, assomigliare, assottigliare, attagliare, attanagliare,
attorcigliare, attorniare, autofinanziare, avariare, avvinghiare,
avviticchiare, baccagliare, bacchiare, baciucchiare, barbugliare,
batacchiare, battagliare, bersagliare, bestemmiare, bevicchiare,
bisbigliare, bofonchiare, boriare, brogliare, bruciacchiare,
cagliare, calunniare, cambiare, campicchiare, canticchiare,
cariare, celiare, cerchiare, cianfrugliare, cincischiare, cinghiare,
circostanziare, cofinanziare, colloquiare, commissariare,
compendiare, conciliare, conguagliare, coniare, consigliare,
consorziare, contraccambiare, contrariare, convogliare, copiare,
cricchiare, crocchiare, daziare, debbiare, defogliare, deliziare,
denunziare, depotenziare, deragliare, dettagliare, differenziare,
dilaniare, diluviare, disbrogliare, disincagliare, dissomigliare,
distanziare, disuguagliare, divorziare, domiciliare, doppiare,
dormicchiare, eguagliare, encomiare, enfiare, enunziare,
escoriare, esiliare, espatriare, espropriare, estasiare, estraniare,
evidenziare, falcidiare, farfugliare, figliare, finanziare, fischiare,
fogliare, foracchiare, fotocopiare, frammischiare, frastagliare,
frugacchiare, germogliare, giochicchiare, giustiziare, gloriare,
gonfiare, gorgogliare, gozzovigliare, gracchiare, graffiare,
graziare, grigliare, guazzabugliare, imbavagliare, imbottigliare,
imbrigliare, imbrogliare, immischiare, impagliare, impaniare,
imparacchiare, impastocchiare, impastoiare, impennacchiare,
imperniare, impidocchiare, impigliare, incagliare, incappiare,
incavigliare, incendiare, incipriare, incoiare, incrocicchiare,
incuoiare, indemaniare, indemoniare, indiziare, industriarsi,
inebriare, infinocchiare, infischiarsi, infuriare, ingabbiare,
ingarbugliare, inghiaiare, inginocchiarsi, ingiuriare, ingoiare,
ingraziare, inguaiare, iniziare, innaffiare, insabbiare, insediare,
insidiare, intagliare, intarsiare, intelaiare, interfogliare,
interfoliare, intrugliare, invecchiare, inventariare, invermigliare,
invetriare, invidiare, invischiare, invogliare, irradiare, istoriare,
lavoricchiare, leggicchiare, leggiucchiare, letiziare, licenziare,
lisciviare, macchiare, maliziare, mangiucchiare, marchiare,
martoriare, maschiare, mediare, meravigliare, miniare, mischiare,
mitragliare, mobiliare, mordicchiare, morsicchiare, mugghiare,
negoziare, nevischiare, nicchiare, oliare, oppiare, orecchiare,

origliare, ossequiare, oziare, palliare, parlucchiare, parodiare,
pattugliare, periziare, piangiucchiare, picchiare, pigliare,
pispigliare, potenziare, preannunziare, prefinanziare, preludiare,
premiare, presenziare, presidiare, principiare, pronunziare,
propiziare, punzecchiare, puzzacchiare, quagliare, rabbuiare,
raccerchiare, raddoppiare, raggranchiare, raggrovigliare,
ragguagliare, ragliare, rammagliare, rannicchiare, raschiare,
rassomigliare, rassottigliare, razziare, referenziare, reinsediare,
riaccerchiare, riaccoppiare, riammobiliare, riammogliare,
riannaffiare, riapparecchiare, riappropriare, riassottigliare,
ricambiare, riconciliare, riconsigliare, ricopiare, ridacchiare,
ridistanziare, riesiliare, rifinanziare, rifischiare, rigonfiare,
rigraffiare, rimbrogliare, rimediare, rimischiare, rimorchiare,
rimpagliare, rimpatriare, rinegoziare, ringarbugliare, ringhiare,
ringinocchiarsi, ringoiare, ringraziare, rintelaiare, rinunziare,
rinvischiare, rinvogliare, ripicchiare, ripigliare, ripremiare,
ripudiare, rischiare, risparmiare, rispecchiare, ristudiare,
risucchiare, risvegliare, ritagliare, rodiare, rosicchiare,
rubacchiare, rugghiare, rugliare, sabbiare, salariare, salmodiare,
sarchiare, sartiare, saziare, sbaciucchiare, sbadigliare, sbagliare,
sbaragliare, sbatacchiare, sbevacchiare, sbevucchiare, sborniare,
sbrigliare, sbrogliare, scacchiare, scagliare, scambiare,
scandagliare, scapigliare, scapocchiare, scarabocchiare,
scaracchiare, scarmigliare, scempiare, scoiare, scombuiare,
scompigliare, sconsigliare, scoperchiare, scoppiare, screziare,
scribacchiare, scrocchiare, scucchiaiare, scuffiare, scuoiare,
sdaziare, sdoppiare, sdraiare, sentenziare, seriare, seviziare,
sfagliare, sferragliare, sfibbiare, sfogliare, sforacchiare, sfuriare,
sgarbugliare, sgonfiare, sgorbiare, sgranocchiare, sgrovigliare,
sguinzagliare, silenziare, smacchiare, smagliare, smaliziare,
smaniare, smerigliare, snebbiare, soffiare, somigliare,
sonnecchiare, sorvegliare, sostanziare, soverchiare, spagliare,
spaiare, spannocchiare, sparecchiare, sparigliare, sparpagliare,
spastoiare, spaziare, specchiare, spelacchiare, spennacchiare,
spidocchiare, spogliare, sproloquiare, spropriare, spunzecchiare,
sputacchiare, squagliare, stabbiare, stagliare, stampigliare,
stanziare, stempiare, stipendiare, stiracchiare, storpiare,
strabiliare, straniare, straviziare, straziare, strigliare, stroppiare,
studiacchiare, studiare, subbiare, succhiare, sudacchiare,
sussidiare, svariare, svecchiare, svegliare, sventagliare, tagliare,

tartagliare, tediare, testimoniare, torchiare, tossicchiare, transustanziare, travagliare, traviare, trebbiare, tripudiare, tronfiare, uguagliare, umiliare, vagliare, vanagloriarsi, vegliare, vendemmiare, vendicchiare, vettovagliare, vivacchiare, vivucchiare, viziare, volicchiare, xerocopiare

94. svellere

INDICATIVO		CONGIUNTIVO
Presente	Passato Remoto	Presente
svello	**svelsi**	svella
svelli	svellesti	svella
svelle	**svelse**	svella
svelliamo	svellemmo	svelliamo
svellete	svelleste	svelliate
svellono	**svelsero**	svellano
Imperfetto	Futuro Semplice	Imperfetto
svellevo	svellerò	svellessi
svellevi	svellerai	svellessi
svelleva	svellerà	svellesse
svellevamo	svelleremo	svellessimo
svellevate	svellerete	svelleste
svellevano	svelleranno	svellessero

CONDIZIONALE	IMPERATIVO	PARTICIPIO
Presente		Presente
svellerei	-	svellente
svelleresti	svelli	Passato
svellerebbe	svella	**svelto**
svelleremmo	svelliamo	GERUNDIO
svellereste	svellete	Presente
svellerebbero	svellano	svellendo

Verbs that follow this model:

convellere, divellere, eccellere, svellere

95. tenere *to hold, take, keep*

INDICATIVO		CONGIUNTIVO
Presente	Passato Remoto	Presente
tengo	tenni	tenga
tieni	tenesti	tenga
tiene	tenne	tenga
teniamo	tenemmo	teniamo
tenete	teneste	teniate
tengono	tennero	tengano
Imperfetto	Futuro Semplice	Imperfetto
tenevo	terrò	tenessi
tenevi	terrai	tenessi
teneva	terrà	tenesse
tenevamo	terremo	tenessimo
tenevate	terrete	teneste
tenevano	terranno	tenessero

CONDIZIONALE	IMPERATIVO	PARTICIPIO
Presente		Presente
terrei	-	tenente
terresti	tieni	Passato
terrebbe	tenga	tenuto
terremmo	teniamo	GERUNDIO
terreste	tenete	Presente
terrebbero	tengano	tenendo

Verbs that follow this model:

appartenere, astenere, attenere, contenere, detenere, intrattenere, mantenere, ottenere, rattenere, riottenere, risostenere, ritenere, sostenere, tenere, trattenere

111

96. torcere

INDICATIVO		CONGIUNTIVO
Presente	Passato Remoto	Presente
torco	**torsi**	torca
torci	torcesti	torca
torce	**torse**	torca
torciamo	torcemmo	torciamo
torcete	torceste	torciate
torcono	**torsero**	torcano
Imperfetto	Futuro Semplice	Imperfetto
torcevo	torcerò	torcessi
torcevi	torcerai	torcessi
torceva	torcerà	torcesse
torcevamo	torceremo	torcessimo
torcevate	torcerete	torceste
torcevano	torceranno	torcessero

CONDIZIONALE	IMPERATIVO	PARTICIPIO
Presente		Presente
torcerei	-	torcente
torceresti	torci	Passato
torcerebbe	torca	**torto**
torceremmo	torciamo	GERUNDIO
torcereste	torcete	Presente
torcerebbero	torcano	torcendo

Verbs that follow this model:

attorcere, contorcere, distorcere, estorcere, ritorcere, storcere, torcere

112

97. trarre

INDICATIVO		CONGIUNTIVO
Presente	Passato Remoto	Presente
traggo	**trassi**	**tragg**a
trai	traesti	**tragg**a
trae	**trasse**	**tragg**a
traiamo	traemmo	traiamo
traete	traeste	traiate
traggono	**trassero**	**tragg**ano
Imperfetto	Futuro Semplice	Imperfetto
traevo	**trarr**ò	traessi
traevi	**trarr**ai	traessi
traeva	**trarr**à	traesse
traevamo	**trarr**emo	traessimo
traevate	**trarr**ete	traeste
traevano	**trarr**anno	traessero

CONDIZIONALE	IMPERATIVO	PARTICIPIO
Presente		Presente
trarrei	-	traente
trarresti	trai	Passato
trarrebbe	**tragg**a	**tratto**
trarremmo	traiamo	GERUNDIO
trarreste	traete	Presente
trarrebbero	**tragg**ano	traendo

Verbs that follow this model:

astrarre, attrarre, contrarre, detrarre, distrarre, estrarre, protrarre, ricontrarre, riestrarre, ritrarre, sottrarre, trarre

98. udire *to hear*

INDICATIVO		CONGIUNTIVO
Presente	Passato Remoto	Presente
odo	udii	**od**a
odi	udisti	**od**a
ode	udì	**od**a
udiamo	udimmo	udiamo
udite	udiste	udiate
odono	udirono	**od**ano
Imperfetto	Futuro Semplice	Imperfetto
udivo	udirò/**udr**ò	udissi
udivi	udirai/**udr**ai	udissi
udiva	udirà/**udr**à	udisse
udivamo	udiremo/**udr**emo	udissimo
udivate	udirete/**udr**ete	udiste
udivano	udiranno/**udr**anno	udissero

CONDIZIONALE	IMPERATIVO	PARTICIPIO
Presente		Presente
udirei/**udr**ei	-	udente
udiresti/**udr**esti	**od**i	Passato
udirebbe/**udr**ebbe	**od**a	udito
udiremmo/**udr**emmo	udiamo	GERUNDIO
udireste/**udr**este	udite	Presente
udirebbero/**udr**ebbero	**od**ano	udendo

Verbs that follow this model:

riudire, udire

99. uscire

INDICATIVO		CONGIUNTIVO
Presente	Passato Remoto	Presente
esco	uscii	esca
esci	uscisti	esca
esce	uscì	esca
usciamo	uscimmo	usciamo
uscite	usciste	usciate
escono	uscirono	escano
Imperfetto	Futuro Semplice	Imperfetto
uscivo	uscirò	uscissi
uscivi	uscirai	uscissi
usciva	uscirà	uscisse
uscivamo	usciremo	uscissimo
uscivate	uscirete	usciste
uscivano	usciranno	uscissero

CONDIZIONALE	IMPERATIVO	PARTICIPIO
Presente		Presente
uscirei	-	uscente
usciresti	esci	Passato
uscirebbe	esca	uscito
usciremmo	usciamo	GERUNDIO
uscireste	uscite	Presente
uscirebbero	escano	uscendo

Verbs that follow this model:

fuoriuscire, fuoruscire, riuscire, uscire

100. valere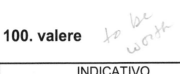

INDICATIVO		CONGIUNTIVO
Presente	Passato Remoto	Presente
valgo	**valsi**	**valg**a
vali	valesti	**valg**a
vale	**valse**	**valg**a
valiamo	valemmo	valiamo
valete	valeste	valiate
valgono	**valsero**	**valg**ano
Imperfetto	Futuro Semplice	Imperfetto
valevo	**varr**ò	valessi
valevi	**varr**ai	valessi
valeva	**varr**à	valesse
valevamo	**varr**emo	valessimo
valevate	**varr**ete	valeste
valevano	**varr**anno	valessero

CONDIZIONALE	IMPERATIVO	PARTICIPIO
Presente		Presente
varrei	-	valente
varresti	vali	Passato
varrebbe	**valg**a	**valso**
varremmo	valiamo	GERUNDIO
varreste	valete	Presente
varrebbero	**valg**ano	valendo

Verbs that follow this model:
avvalersi, calere, equivalere, invalere, prevalere, rivalersi, valere

116

101. vedere *to see*

INDICATIVO		CONGIUNTIVO
Presente	Passato Remoto	Presente
vedo	**vidi**	veda
vedi	vedesti	veda
vede	**vide**	veda
vediamo	vedemmo	vediamo
vedete	vedeste	vediate
vedono	**videro**	vedano
Imperfetto	Futuro Semplice	Imperfetto
vedevo	**vedr**ò	vedessi
vedevi	**vedr**ai	vedessi
vedeva	**vedr**à	vedesse
vedevamo	**vedr**emo	vedessimo
vedevate	**vedr**ete	vedeste
vedevano	**vedr**anno	vedessero

CONDIZIONALE	IMPERATIVO	PARTICIPIO
Presente		Presente
vedrei	-	vedente
vedresti	vedi	Passato
vedrebbe	veda	**visto**/veduto
vedremmo	vediamo	GERUNDIO
vedreste	vedete	Presente
vedrebbero	vedano	vedendo

Verbs that follow this model:

antivedere, avvedersi, divedere, intravedere, intravvedere, prevedere, provvedere, ravvedersi, rivedere, sprovvedere, stravedere, travedere, vedere

☐ Note that *divedere* is a highly defective verb, only used as infinitive in the phrase *dare a divedere*.

102. venire *to come*

INDICATIVO		CONGIUNTIVO
Presente	Passato Remoto	Presente
vengo	venni	venga
vieni	venisti	venga
viene	venne	venga
veniamo	venimmo	veniamo
venite	veniste	veniate
vengono	vennero	vengano

Imperfetto	Futuro Semplice	Imperfetto
venivo	verrò	venissi
venivi	verrai	venissi
veniva	verrà	venisse
venivamo	verremo	venissimo
venivate	verrete	veniste
venivano	verranno	venissero

CONDIZIONALE	IMPERATIVO	PARTICIPIO
Presente		Presente
verrei	-	venente/veniente
verresti	vieni	Passato
verrebbe	venga	venuto
verremmo	veniamo	GERUNDIO
verreste	venite	Presente
verrebbero	vengano	venendo

Verbs that follow this model:

addivenire, avvenire, circonvenire, contravvenire, convenire, divenire, intervenire, pervenire, prevenire, provenire, riconvenire, ridivenire, rinvenire, rivenire, sconvenire, sopravvenire, sovvenire, svenire, venire

103. vigere

| INDICATIVO | | CONGIUNTIVO |
Presente	Passato Remoto	Presente
-	-	-
-	-	-
vige	vig**é**	viga
-	-	-
-	-	-
vigono	vig**erono**	vigano
Imperfetto	**Futuro Semplice**	**Imperfetto**
-	-	-
-	-	-
vigeva	vigerà	vigesse
-	-	-
-	-	-
vigevano	vigeranno	vigessero

| CONDIZIONALE | IMPERATIVO | PARTICIPIO |
Presente		Presente
-	-	vigente
-	-	**Passato**
vigerebbe	-	-
-	-	**GERUNDIO**
-	-	**Presente**
vigerebbero	-	vigendo

119

104. vincere

INDICATIVO		CONGIUNTIVO
Presente	Passato Remoto	Presente
vinco	**vinsi**	vinca
vinci	vincesti	vinca
vince	**vinse**	vinca
vinciamo	vincemmo	vinciamo
vincete	vinceste	vinciate
vincono	**vinsero**	vincano
Imperfetto	Futuro Semplice	Imperfetto
vincevo	vincerò	vincessi
vincevi	vincerai	vincessi
vinceva	vincerà	vincesse
vincevamo	vinceremo	vincessimo
vincevate	vincerete	vinceste
vincevano	vinceranno	vincessero

CONDIZIONALE	IMPERATIVO	PARTICIPIO
Presente		Presente
vincerei	-	vincente
vinceresti	vinci	Passato
vincerebbe	vinca	**vinto**
vinceremmo	vinciamo	GERUNDIO
vincereste	vincete	Presente
vincerebbero	vincano	vincendo

Verbs that follow this model:
avvincere, convincere, evincere, riconvincere, rivincere,
stravincere, vincere

120

105. vivere *to live*

INDICATIVO		CONGIUNTIVO
Presente	Passato Remoto	Presente
vivo	**vissi**	viva
vivi	vivesti	viva
vive	**visse**	viva
viviamo	vivemmo	viviamo
vivete	viveste	viviate
vivono	**vissero**	vivano
Imperfetto	Futuro Semplice	Imperfetto
vivevo	**vivr**ò	vivessi
vivevi	**vivr**ai	vivessi
viveva	**vivr**à	vivesse
vivevamo	**vivr**emo	vivessimo
vivevate	**vivr**ete	viveste
vivevano	**vivr**anno	vivessero

CONDIZIONALE	IMPERATIVO	PARTICIPIO
Presente		Presente
vivrei	-	vivente
vivresti	vivi	Passato
vivrebbe	viva	**viss**uto
vivremmo	viviamo	GERUNDIO
vivreste	vivete	Presente
vivrebbero	vivano	vivendo

Verbs that follow this model:

convivere, rivivere, sopravvivere, vivere

121

106. volere _to want_

INDICATIVO		CONGIUNTIVO
Presente	Passato Remoto	Presente
voglio	**volli**	**voglia**
vuoi	volesti	**voglia**
vuole	**volle**	**voglia**
vogliamo	volemmo	**vogli**amo
volete	voleste	**vogli**ate
vogliono	**vollero**	**vogli**ano
Imperfetto	Futuro Semplice	Imperfetto
volevo	**vorrò**	volessi
volevi	**vorr**ai	volessi
voleva	**vorrà**	volesse
volevamo	**vorr**emo	volessimo
volevate	**vorr**ete	voleste
volevano	**vorr**anno	volessero

CONDIZIONALE	IMPERATIVO	PARTICIPIO
Presente		Presente
vorrei	-	volente
vorresti	**vogli**	Passato
vorrebbe	**voglia**	voluto
vorremmo	**vogli**amo	GERUNDIO
vorreste	**vogli**ate	Presente
vorrebbero	**vogli**ano	volendo

Verbs that follow this model:

benvolere, disvolere, malvolere, rivolere, volere

122

107. volgere

INDICATIVO		CONGIUNTIVO
Presente	Passato Remoto	Presente
volgo	**volsi**	volga
volgi	volgesti	volga
volge	**volse**	volga
volgiamo	volgemmo	volgiamo
volgete	volgeste	volgiate
volgono	**volsero**	volgano
Imperfetto	Futuro Semplice	Imperfetto
volgevo	volgerò	volgessi
volgevi	volgerai	volgessi
volgeva	volgerà	volgesse
volgevamo	volgeremo	volgessimo
volgevate	volgerete	volgeste
volgevano	volgeranno	volgessero

CONDIZIONALE	IMPERATIVO	PARTICIPIO
Presente		Presente
volgerei	-	volgente
volgeresti	volgi	Passato
volgerebbe	volga	**volto**
volgeremmo	volgiamo	GERUNDIO
volgereste	volgete	Presente
volgerebbero	volgano	volgendo

Verbs that follow this model:

arrogere, avvolgere, capovolgere, coinvolgere, fulgere, indulgere, involgere, ravvolgere, riavvolgere, rifulgere, rinvolgere, rivolgere, sconvolgere, stravolgere, svolgere, travolgere, volgere

Verb Index

abbaruffare (2)
abbassare (2)
abbatacchiare (93)
abbattere (23)
abbellire (11)
abbeverare (2)
abbicare (13)
abbigliare (93)
abbinare (2)
abbindolare (2)
abbioccare (13)
abbiosciare (15)
abbisciare (15)
abbisognare (2)
abboccare (13)
abboffarsi (2)
abbonacciare (15)
abbonare (2)
abbondare (2)
abbordare (2)
abborracciare (15)
abbottonare (2)
abbozzare (2)
abbozzolarsi (2)
abbracciare (15)
abbrancare (13)
abbreviare (93)
abbrivare (2)
abbronzare (2)
abbruciacchiare
(93)
abbrumare (2)
abbrunare (2)
abbrunire (11)
abbrustolire (11)
abbrutire (11)
abbruttire (11)

abbuffarsi (2)
abbuiare (93)
abbuonare (2)
abburattare (2)
abdicare (13)
abdurre (19)
aberrare (2)
abilitare (2)
abbacchiare (93)
abbacinare (2)
abbagliare (93)
abbaiare (93)
abbandonare (2)
abbarbagliare (93)
abbarbicare (13)
abbarcare (13)
abitare (2)
abituare (2)
abiurare (2)
abnegare (61)
abolire (11)
abominare (2)
aborrire (63)
abortire (11)
abradere (50)
abrogare (61)
abusare (2)
accadere (10)
accalappiare (93)
accalcare (13)
accaldarsi (2)
accalorare (2)
accampare (2)
accanire (11)
accanirsi (11)
accannellare (2)
accantonare (2)

accaparrare (2)
accapigliare (93)
accapponare (2)
accarezzare (2)
accartocciare (15)
accasare (2)
accasciare (15)
accasermare (2)
accastellare (2)
accatastare (2)
accattare (2)
accattivare (2)
accavalcare (13)
accavallare (2)
accecare (13)
accedere (23)
accelerare (2)
accendere (72)
accennare (2)
accentare (2)
accentrare (2)
accentuare (2)
accerchiare (93)
accertare (2)
accettare (2)
acchiappare (2)
acchiocciolare (2)
acciaccare (13)
acciaiare (93)
acciambellare (2)
acciarpare (2)
acciecare (13)
accigliare (93)
accingere (43)
accintolare (2)
accittolare (2)
acciuffare (2)

accivettare (2)
acclamare (2)
acclarare (2)
acclimare (2)
acclimatare (2)
accludere (18)
accoccare (13)
accoccolarsi (2)
accodare (2)
accogliere (84)
accollare (2)
accoltellare (2)
accomiatare (2)
accomodare (2)
accompagnare (2)
accomunare (2)
acconciare (15)
accondiscendere (72)
acconsentire (63)
accontentare (2)
accoppare (2)
accoppiare (2)
accoppiare (93)
accorare (2)
accorciare (15)
accordare (2)
accordellare (2)
accorgersi (69)
accorpare (2)
accorrere (22)
accosciare (15)
accostare (2)
accostumare (2)
accovacciare (15)
accovonare (2)
accozzare (2)
accreditare (2)
accrescere (24)
accucciare (15)

accucciolarsi (2)
accudire (11)
acculare (2)
acculattare (2)
acculturare (2)
accumulare (2)
accusare (2)
acetificare (13)
acidificare (13)
acquarellare (2)
acquartierare (2)
acquattare (2)
acquerellare (2)
acquetare (2)
acquietare (2)
acquisire (11)
acquistare (2)
acuire (11)
acuminare (2)
acutizzare (2)
adagiare (54)
adattare (2)
addebitare (2)
addensare (2)
addentare (2)
addentellare (2)
addentrare (2)
addestrare (2)
addipanare (2)
addire (28)
addirizzare (2)
additare (2)
addivenire (102)
addizionare (2)
addobbare (2)
addogare (61)
addolcire (11)
addolorare (2)
addomesticare (13)
addormentare (2)

addossare (2)
addottorare (2)
addottrinare (2)
addurre (19)
adeguare (2)
adempiere (16)
adempire (11)
adergere (36)
aderire (11)
aderizzare (2)
adescare (13)
adibire (11)
adirarsi (2)
adire (11)
adocchiare (93)
adombrare (2)
adontarsi (2)
adop(e)rare (2)
adoperare (2)
adoprare (2)
adorare (2)
adornare (2)
adottare (2)
aduggiare (54)
adulare (2)
adulterare (2)
adunare (2)
adunghiare (93)
adusare (2)
aerare (2)
aerotrasportare (2)
affaccendare (2)
affacciare (15)
affagottare (2)
affamare (2)
affannare (2)
affardellare (2)
affarsi (42)
affascinare (2)
affastellare (2)

affaticare (13)
affatturare (2)
affermare (2)
afferrare (2)
affettare (2)
affezionare (2)
affiancare (13)
affiatare (2)
affibbiare (93)
affidare (2)
affievolire (11)
affiggere (1)
affilare (2)
affiliare (93)
affinare (2)
affiocare (13)
affiochire (11)
affiorare (2)
affittare (2)
affittire (11)
affliggere (45)
afflosciare (15)
affluire (11)
affocare (13)
affogare (61)
affollare (2)
affondare (2)
afforcare (13)
afforestare (2)
affossare (2)
affrancare (13)
affratellare (2)
affrescare (13)
affrettare (2)
affrontare (2)
affumicare (13)
affusolare (2)
agevolare (2)
agganciare (15)
aggarbare (2)

aggettare (2)
aggettivare (2)
agghiacciare (15)
agghiaiare (93)
agghindare (2)
aggiogare (61)
aggiornare (2)
aggirare (2)
aggiudicare (13)
aggiungere (47)
aggiuntare (2)
aggiustare (2)
agglomerare (2)
agglutinare (2)
aggomitolare (2)
aggottare (2)
aggradare (2)
aggradire (11)
aggraffare (2)
aggranchiare (93)
aggranchire (11)
aggrappare (2)
aggraticciare (15)
aggravare (2)
aggraziare (93)
aggredire (11)
aggregare (61)
aggricciare (15)
aggrinzare (2)
aggrinzire (11)
aggrommare (2)
aggrondare (2)
aggrottare (2)
aggrovigliare (93)
aggrumare (2)
aggruppare (2)
agguagliare (93)
agguantare (2)
agguerrire (11)
agire (11)

agitare (2)
agognare (2)
agonizzare (2)
agucchiare (93)
aguzzare (2)
aiutare (2)
aizzare (2)
alare (2)
albeggiare (54)
alberare (2)
albergare (61)
alcolizzare (2)
aleggiare (54)
alesare (2)
alfabetizzare (2)
alienare (2)
alimentare (2)
alitare (2)
allacciare (15)
allagare (61)
allappare (2)
allargare (61)
allarmare (2)
allascare (13)
allattare (2)
allearsi (2)
allegare (61)
alleggerire (11)
allegrare (2)
allenare (2)
allentare (2)
allertare (2)
allestire (11)
allettare (2)
allevare (2)
alleviare (51)
allibare (2)
allibire (11)
allibrare (2)
allicciare (15)

allietare (2)
allignare (2)
allineare (2)
allitterare (2)
allivellare (2)
allocare (13)
allogare (61)
alloggiare (54)
allontanare (2)
alloppiare (93)
allucinare (2)
alludere (18)
allumare (2)
allunare (2)
allungare (61)
almanaccare (13)
alpeggiare (54)
altalenare (2)
alterare (2)
altercare (13)
alternare (2)
alzare (2)
amalgamare (2)
amare (2)
amareggiare (54)
ambiare (93)
ambientare (2)
ambire (11)
americanizzare (2)
amicare (13)
ammaccare (13)
ammaestrare (2)
ammagliare (93)
ammainare (2)
ammalarsi (2)
ammaliare (93)
ammalinconire (11)
ammanettare (2)
ammanicarsi (13)
ammanierare (2)

ammanigliare (93)
ammannare (2)
ammannire (11)
ammansire (11)
ammantare (2)
ammarare (2)
ammassare (2)
ammassellare (2)
ammassicciare (15)
ammatassare (2)
ammattire (11)
ammattonare (2)
ammazzare (2)
ammetare (2)
ammettere (56)
ammezzare (2)
ammiccare (13)
amministrare (2)
amminutare (2)
ammirare (2)
ammobiliare (93)
ammodernare (2)
ammogliare (93)
ammollare (2)
ammollire (11)
ammonire (11)
ammontare (2)
ammonticchiare (93)
ammorbare (2)
ammorbidire (11)
ammorsare (2)
ammortare (2)
ammortizzare (2)
ammosciare (15)
ammoscire (11)
ammostare (2)
ammucchiare (93)
ammuffire (11)
ammutinare (2)

ammutolire (11)
amnistiare (93)
amoreggiare (54)
ampliare (93)
amplificare (13)
amputare (2)
anagrammare (2)
analizzare (2)
anastomizzare (2)
anatematizzare (2)
anatomizzare (2)
ancheggiare (54)
anchilosare (2)
ancorare (2)
andare (3)
anelare (2)
anestetizzare (2)
angariare (93)
angere (67)
anglicizzare (2)
angolare (2)
angosciare (15)
angustiare (93)
animare (2)
annacquare (2)
annaffiare (93)
annaspare (2)
annebbiare (93)
annegare (61)
annerare (2)
annerire (11)
annettere (4)
annichilire (11)
annidare (2)
annientare (2)
annoccare (13)
annodare (2)
annoiare (93)
annotare (2)
annottare (2)

annoverare (2)
annuire (11)
annullare (2)
annunciare (15)
annunziare (93)
annusare (2)
annuvolare (2)
ansare (2)
ansimare (2)
antecedere (23)
anteporre (70)
anticipare (2)
antidatare (2)
antivedere (101)
antologizzare (2)
apocopare (2)
apologizzare (2)
apostrofare (2)
appagare (61)
appaiare (93)
appallottolare (2)
appaltare (2)
appannare (2)
apparecchiare (93)
apparentare (2)
apparigliare (93)
apparire (5)
appartare (2)
appartenere (95)
appassionare (2)
appassire (11)
appastellarsi (2)
appellare (2)
appendere (72)
appennellare (2)
appesantire (11)
appestare (2)
appetire (11)
appezzare (2)
appianare (2)

appiattarsi (2)
appiattire (11)
appiccare (13)
appiccicare (13)
appiedare (2)
appigionare (2)
appigliarsi (93)
appioppare (2)
appisolarsi (2)
applaudire (11)(63)
applicare (13)
appoderare (2)
appoggiare (54)
appollaiarsi (93)
apporre (70)
apportare (2)
appostare (2)
appratire (11)
apprendere (72)
appressare (2)
apprestare (2)
apprettare (2)
apprezzare (2)
approcciare (15)
approdare (2)
approfittare (2)
approfondire (11)
approntare (2)
appropinquare (2)
appropriare (93)
approssimare (2)
approvare (2)
approvvigionare
(2)
appruare (2)
appuntare (2)
appuntellare (2)
appuntire (11)
appurare (2)
appuzzare (2)

aprire (6)
arabescare (13)
arare (2)
arbitrare (2)
arcaicizzare (2)
architettare (2)
archiviare (93)
arcuare (2)
ardere (7)
ardire (11)
arenare (2)
argentare (2)
arginare (2)
argomentare (2)
arguire (11)
arianizzare (2)
arieggiare (54)
armare (2)
armeggiare (54)
armonizzare (2)
aromatizzare (2)
arpeggiare (54)
arpionare (2)
arrabattarsi (2)
arrabbiare (93)
arraffare (2)
arrampicare (13)
arrancare (13)
arrangiare (54)
arrapare (2)
arrecare (13)
arredare (2)
arrembare (2)
arrenare (2)
arrendere (72)
arrestare (2)
arretrare (2)
arricchire (11)
arricciare (15)
arricciolare (2)

arridere (76)
arringare (61)
arrischiare (93)
arrivare (2)
arroccare (13)
arrocciarsi (15)
arrochire (11)
arrogare (61)
arrogere (107)
arrossare (2)
arrossire (11)
arrostire (11)
arrotare (2)
arrotolare (2)
arrotondare (2)
arrovellare (2)
arroventare (2)
arrovesciare (15)
arruffare (2)
arrugginire (11)
arruolare (2)
articolare (2)
artigliare (93)
arzigogolare (2)
ascendere (72)
asciugare (61)
ascoltare (2)
ascondere (78)
ascrivere (85)
asfaltare (2)
asfissiare (93)
aspergere (36)
aspettare (2)
aspirare (2)
asportare (2)
assaggiare (54)
assalire (81)
assaltare (2)
assassinare (2)
assecondare (2)

assediare (93)
assegnare (2)
assemblare (2)
assembrarsi (2)
assentarsi (2)
assentire (63)
asserire (11)
asserragliare (93)
asservire (11)
assestare (2)
assetare (2)
assettare (2)
assicurare (2)
assiderare (2)
assidere (76)
assiepare (2)
assillare (2)
assimilare (2)
assiomatizzare (2)
assistere (49)
associare (15)
assodare (2)
assoggettare (2)
assolcare (13)
assoldare (2)
assolutizzare (2)
assolvere (31)
assomigliare (93)
assommare (2)
assonare (2)
assonnare (2)
assopire (11)
assorbire (11)(63)
assordare (2)
assordire (11)
assortire (11)
assottigliare (93)
assuefare (42)
assumere (73)
assurgere (69)

astenere (95)
astrarre (97)
astringere (92)
astrologare (61)
atomizzare (2)
atrofizzare (2)
attaccare (13)
attagliare (93)
attanagliare (93)
attardare (2)
attecchire (11)
atteggiare (54)
attemparsi (2)
attendarsi (2)
attendere (72)
attenere (95)
attentare (2)
attenuare (2)
attergare (61)
atterrare (2)
atterrire (11)
attestare (2)
atticizzare (2)
attingere (43)
attirare (2)
attivare (2)
attivizzare (2)
attizzare (2)
attorcere (96)
attorcigliare (93)
attorniare (93)
attossicare (13)
attraccare (13)
attrarre (97)
attraversare (2)
attrezzare (2)
attribuire (11)
attristare (2)
attruppare (2)
attualizzare (2)

attuare (2)
attutire (11)
augurare (2)
aulire (11)
aumentare (2)
auscultare (2)
auspicare (13)
autenticare (13)
autentificare (13)
autodistruggere (33)
autofinanziare (93)
autogestire (11)
automatizzare (2)
autoprodurre (19)
autoridurre (19)
autorizzare (2)
avallare (2)
avanzare (2)
avariare (93)
avellere (39)
avere (8)
avocare (13)
avvalersi (100)
avvalorare (2)
avvampare (2)
avvantaggiare (54)
avvedersi (101)
avvelenare (2)
avvenire (102)
avventarsi (2)
avventurare (2)
avverare (2)
avversare (2)
avvertire (63)
avvezzare (2)
avviare (51)
avvicendare (2)
avvicinare (2)
avvilire (11)

avviluppare (2)
avvinazzare (2)
avvincere (104)
avvinghiare (93)
avvisare (2)
avvistare (2)
avvitare (2)
avviticchiare (93)
avvivare (2)
avvizzire (11)
avvolgere (107)
avvoltolare (2)
azionare (2)
azzannare (2)
azzardare (2)
azzeccare (13)
azzerare (2)
azzimare (2)
azzittire (11)
azzoppare (2)
azzuffare (2)
azzurrare (2)
azzurreggiare (54)
bacare (13)
baccagliare (93)
baccheggiare (54)
bacchettare (2)
bacchiare (93)
baciare (15)
baciucchiare (93)
badare (2)
bagnare (2)
bagordare (2)
balbettare (2)
balcanizzare (2)
balenare (2)
balestrare (2)
ballare (2)
ballonzolare (2)
ballottare (2)

baloccare (13)
baluginare (2)
balzare (2)
balzellare (2)
bambineggiare (54)
bamboleggiare (54)
banalizzare (2)
banchettare (2)
bandire (11)
barare (2)
barattare (2)
barbarizzare (2)
barbugliare (93)
barcamenarsi (2)
barcollare (2)
bardare (2)
barrare (2)
barricare (13)
barrire (11)
basare (2)
basire (11)
bastare (2)
bastonare (2)
batacchiare (93)
battagliare (93)
battere (23)
battezzare (2)
battibeccare (13)
baulare (2)
bazzicare (13)
beare (2)
beatificare (13)
beccare (13)
beccheggiare (54)
becchettare (2)
beffare (2)
beffeggiare (54)
belare (2)
bemollizzare (2)
bendare (2)

benedire (28)
beneficare (13)
beneficiare (15)
benemeritare (2)
benvolere (106)
berciare (15)
bere (9)
bersagliare (93)
bestemmiare (93)
bevicchiare (93)
biancheggiare (54)
bianchire (11)
biasciare (15)
biascicare (2)(13)
biasimare (2)
bidonare (2)
biforcare (13)
bighellonare (2)
bigiare (54)
bilanciare (15)
binare (2)
biondeggiare (54)
bipartire (11)
birbanteggiare (54)
birboneggiare (54)
bisbigliare (93)
bisbocciare (15)
biscottare (2)
bisognare (2)
bissare (2)
bisticciare (15)
bistrattare (2)
bituminare (2)
bivaccare (13)
bizantineggiare
(54)
blandire (11)
blasonare (2)
blaterare (2)
blindare (2)

bloccare (13)
bluffare (2)
bobinare (2)
boccheggiare (54)
bocciardare (2)
bocciare (15)
bofonchiare (93)
boicottare (2)
bollare (2)
bollire (63)
bombardare (2)
bombare (2)
bonificare (13)
borbottare (2)
bordare (2)
bordeggiare (54)
boriare (93)
borseggiare (54)
boxare (2)
bozzolare (2)
braccare (13)
bramare (2)
bramire (11)
brancicare (13)
brancolare (2)
brandeggiare (54)
brandire (11)
brasare (2)
brevettare (2)
brezzare (2)
brigare (61)
brillantare (2)
brillare (2)
brinare (2)
brindare (2)
brogliare (93)
brontolare (2)
bronzare (2)
brucare (13)
bruciacchiare (93)

bruciare (15)
brulicare (13)
brunire (11)
brutalizzare (2)
bucare (13)
bucherellare (2)
buffoneggiare (54)
buggerare (2)
bulinare (2)
bullettare (2)
bullonare (2)
bunkerare (2)
burlare (2)
buscare (13)
bussare (2)
buttare (2)
butterare (2)
bypassare (2)
cablare (2)
cablografare (2)
cabotare (2)
cabrare (2)
cacare (13)
cacciare (15)
cadenzare (2)
cadere (10)
cagare (61)
cagionare (2)
cagliare (93)
calafatare (2)
calamitare (2)
calare (2)
calcare (13)
calciare (15)
calcificare (13)
calcinare (2)
calcolare (2)
caldeggiare (54)
calere (100)
calere (23)

calettare (2)
calibrare (2)
calmare (2)
calmierare (2)
calpestare (2)
calumare (2)
calunniare (93)
calzare (2)
cambiare (93)
camminare (2)
campare (2)
campeggiare (54)
campicchiare (93)
campionare (2)
campire (11)
camuffare (2)
canalizzare (2)
cancellare (2)
cancerizzarsi (2)
candeggiare (54)
candidare (2)
candire (11)
cangiare (54)
cannibalizzare (2)
cannoneggiare (54)
canonizzare (2)
cantare (2)
canterellare (2)
canticchiare (93)
cantilenare (2)
canzonare (2)
capacitare (2)
capeggiare (54)
capillarizzare (2)
capire (11)
capitalizzare (2)
capitanare (2)
capitare (2)
capitolare (2)
capitombolare (2)

capitozzare (2)
capottare (2)
capovolgere (107)
cappottare (2)
captare (2)
caracollare (2)
caramellare (2)
caratare (2)
caratterizzare (2)
carbonare (2)
carbonizzare (2)
carburare (2)
carcerare (2)
cardare (2)
carenare (2)
carezzare (2)
cariare (93)
caricare (13)
carotare (2)
carpire (11)
carreggiare (54)
carrellare (2)
carrozzare (2)
carrucolare (2)
cartavetrare (2)
carteggiare (54)
cartellinare (2)
cartonare (2)
cascare (13)
cassare (2)
castigare (61)
castrare (2)
catalizzare (2)
catalogare (61)
catapultare (2)
catechizzare (2)
categorizzare (2)
catramare (2)
cattivare (2)
cattolicizzare (2)

catturare (2)
causare (2)
cautelare (2)
cauterizzare (2)
cauzionare (2)
cavalcare (13)
cavare (2)
cavillare (2)
cazzare (2)
cazzeggiare (54)
cedere (12)
cedere (23)
cedrare (2)
celare (2)
celebrare (2)
celiare (93)
cellofanare (2)
cementare (2)
cementificare (13)
cenare (2)
censire (11)
censurare (2)
centellinare (2)
centinare (2)
centralizzare (2)
centrare (2)
centrifugare (61)
centuplicare (13)
cerare (2)
cercare (13)
cerchiare (93)
cernere (23)
certificare (13)
cesellare (2)
cessare (2)
cestinare (2)
cestire (11)
cheratinizzare (2)
chetare (2)
chiamare (2)

132

chiarificare (13)
chiarire (11)
chiaroscurare (2)
chiavare (2)
chiazzare (2)
chiedere (14)
chilificare (13)
chilometrare (2)
chinare (2)
chiocciare (15)
chioccolare (2)
chiodare (2)
chiosare (2)
chiudere (18)
ciabattare (2)
ciampicare (13)
cianchettare (2)
cianciare (15)
ciancicare (13)
cianfrugliare (93)
ciangottare (2)
ciarlare (2)
cibare (2)
cicalare (2)
cicatrizzare (2)
ciccare (13)
cicchettare (2)
ciclostilare (2)
cifrare (2)
cigolare (2)
cilindrare (2)
cimare (2)
cimentare (2)
cincischiare (93)
cinematografare (2)
cinematografare (2)
cingere (43)
cinghiare (93)
cinguettare (2)
cinturare (2)

cioncare (13)
ciondolare (2)
circolare (2)
circoncidere (76)
circondare (2)
circondurre (19)
circonfondere (44)
circonvallare (2)
circonvenire (102)
circoscrivere (85)
circostanziare (93)
circuire (11)
circumnavigare (61)
citare (2)
citofonare (2)
ciucciare (15)
ciurlare (2)
civettare (2)
civilizzare (2)
clacsonare (2)
classare (2)
classicheggiare (54)
classicizzare (2)
classificare (13)
claudicare (13)
cliccare (13)
climatizzare (2)
clonare (2)
cloroformizzare (2)
coabitare (2)
coadiuvare (2)
coagulare (2)
coalizzare (2)
coartare (2)
coccolare (2)
codificare (13)
coesistere (49)
cofinanziare (93)

cogestire (11)
cogliere (84)
coglionare (2)
coibentare (2)
coincidere (76)
cointeressare (2)
coinvolgere (107)
colare (2)
collaborare (2)
collassare (2)
collaudare (2)
collazionare (2)
collegare (61)
collettivizzare (2)
collezionare (2)
collidere (76)
collimare (2)
collocare (13)
colloquiare (93)
colludere (18)
colluttare (2)
colmare (2)
colonizzare (2)
colorare (2)
colorire (11)
colpevolizzare (2)
colpire (11)
coltivare (2)
comandare (2)
combaciare (15)
combattere (23)
combinare (2)
comicizzare (2)
cominciare (15)
commemorare (2)
commensurare (2)
commentare (2)
commercializzare (2)
commerciare (15)

commettere (56)
comminare (2)
commiserare (2)
commissariare (93)
commissionare (2)
commisurare (2)
commuovere (58)
commutare (2)
compaginare (2)
comparare (2)
comparire (5)
compartecipare (2)
compartire (11)
compassionare (2)
compatire (11)
compattare (2)
compendiare (93)
compenetrare (2)
compensare (2)
comperare (2)
competere (23)
compiacere (66)
compiangere (67)
compiegare (61)
compiere (16)
compilare (2)
compire (11)
compitare (2)
complessare (2)
completare (2)
complicare (13)
complimentare (2)
complottare (2)
comporre (70)
comportare (2)
comprare (2)
compravendere (23)
comprendere (72)
comprimere (40)

compromettere (56)
comprovare (2)
compulsare (2)
compungere (47)
computare (2)
computerizzare (2)
comunicare (13)
concatenare (2)
concedere (17)
concelebrare (2)
concentrare (2)
concepire (11)
concernere (23)
concertare (2)
concettizzare (2)
conchiudere (18)
conciare (15)
conciliare (93)
concimare (2)
concionare (2)
concitare (2)
conclamare (2)
concludere (18)
concordare (2)
concorrere (22)
concretare (2)
concretizzare (2)
conculcare (13)
concupire (11)
condannare (2)
condensare (2)
condire (11)
condiscendere (72)
condividere (76)
condizionare (2)
condolersi (34)
condonare (2)
condurre (19)
confabulare (2)

confare (42)
confederare (2)
conferire (11)
confermare (2)
confessare (2)
confezionare (2)
conficcare (13)
confidare (2)
configgere (45)
configurare (2)
confinare (2)
confiscare (13)
conflagrare (2)
confliggere (45)
confluire (11)
confondere (44)
conformare (2)
confortare (2)
confricare (13)
confrontare (2)
confutare (2)
congedare (2)
congegnare (2)
congelare (2)
congestionare (2)
congetturare (2)
congiungere (47)
congiurare (2)
conglobare (2)
conglomerare (2)
conglutinare (2)
congratularsi (2)
congregare (61)
conguagliare (93)
coniare (93)
coniugare (61)
connaturare (2)
connettere (4)
connotare (2)
conoscere (20)

conquidere (76)
conquistare (2)
consacrare (2)
consegnare (2)
conseguire (63)
consentire (63)
conservare (2)
considerare (2)
consigliare (93)
consistere (49)
consociare (15)
consolare (2)
consolidare (2)
consorziare (93)
constare (2)
constatare (2)
consultare (2)
consumare (2)
consumere (73)
contabilizzare (2)
contagiare (54)
contaminare (2)
contare (2)
contattare (2)
conteggiare (54)
contemperare (2)
contemplare (2)
contendere (72)
contenere (95)
contentare (2)
contessere (23)
contestare (2)
contestualizzare (2)
contingentare (2)
continuare (2)
contorcere (96)
contornare (2)
contrabbandare (2)
contraccambiare
(93)

contraddire (28)
contraddistinguere
(32)
contraffare (42)
contrappesare (2)
contrapporre (70)
contrappuntare (2)
contrare (2)
contrariare (93)
contrarre (97)
contrassegnare (2)
contrastare (2)
contrattaccare (13)
contrattare (2)
contravvenire (102)
contribuire (11)
contristare (2)
controbattere (23)
controbilanciare
(15)
controfirmare (2)
controindicare (13)
controllare (2)
controreplicare
(13)
controsoffittare (2)
controsterzare (2)
controventare (2)
controvertere (23)
controvertere (63)
contundere (21)
conturbare (2)
convalidare (2)
convellere (94)
convenire (102)
convenzionare (2)
convergere (36)
conversare (2)
convertire (63)
convincere (104)

convitare (2)
convivere (105)
convocare (13)
convogliare (93)
convolare (2)
cooperare (2)
cooptare (2)
coordinare (2)
copiare (93)
coprire (6)
coprodurre (19)
copulare (2)
corazzare (2)
corbellare (2)
coricare (13)
cornificare (13)
coronare (2)
corredare (2)
correggere (53)
correlare (2)
correre (22)
corrispondere (78)
corroborare (2)
corrodere (79)
corrompere (80)
corrucciare (15)
corrugare (61)
corruscare (13)
corseggiare (54)
corteggiare (54)
corvettare (2)
coscrivere (85)
cospargere (89)
cospirare (2)
costare (2)
costatare (2)
costeggiare (54)
costellare (2)
costernare (2)
costipare (2)

costituire (11)
costringere (92)
costruire (11)
costumare (2)
cotonare (2)
cotonizzare (2)
covare (2)
coventrizzare (2)
cozzare (2)
creare (2)
credere (23)
cremare (2)
crepare (2)
crepitare (2)
crescere (24)
cresimare (2)
cricchiare (93)
criminalizzare (2)
cristallizzare (2)
cristianizzare (2)
criticare (13)
crivellare (2)
crocchiare (93)
crocifiggere (1)
crogiolare (2)
crollare (2)
cromare (2)
cronometrare (2)
crosciare (15)
crossare (2)
crucciare (15)
cruscheggiare (54)
cubanizzare (2)
cuccare (13)
cucciare (15)
cucinare (2)
cucire (25)
cullare (2)
culminare (2)
cumulare (2)

cuocere (26)
curare (2)
curiosare (2)
curvare (2)
custodire (11)
damascare (13)
dannare (2)
danneggiare (54)
danzare (2)
dardeggiare (54)
dare (27)
datare (2)
dattilografare (2)
dattiloscrivere (85)
daziare (93)
deambulare (2)
debbiare (93)
debellare (2)
debilitare (2)
debuttare (2)
decadere (10)
decaffeinare (2)
decalcificare (13)
decantare (2)
decapare (2)
decapitare (2)
decappottare (2)
decedere (23)
decelerare (2)
decentralizzare (2)
decentrare (2)
decidere (76)
decifrare (2)
decimare (2)
declamare (2)
declassare (2)
declassificare (13)
declinare (2)
decodificare (13)
decollare (2)

decolorare (2)
decomporre (70)
decomprimere (40)
deconcentrare (2)
decongestionare (2)
decontaminare (2)
decorare (2)
decorrere (22)
decorticare (13)
decostruire (11)
decrescere (24)
decretare (2)
decriptare (2)
decrittare (2)
decuplicare (13)
decurtare (2)
dedicare (13)
dedurre (19)
defalcare (13)
defascistizzare (2)
defaticarsi (13)
defatigare (61)
defecare (13)
defenestrare (2)
deferire (11)
defezionare (2)
defiggere (45)
defilare (2)
definire (11)
defiscalizzare (2)
deflagrare (2)
deflazionare (2)
deflettere (4)
deflorare (2)
defluire (11)
defogliare (93)
deformare (2)
defraudare (2)
degassare (2)
degassificare (13)

degenerare (2)
deglutire (11)
degnare (2)
degradare (2)
degustare (2)
deificare (13)
delegare (61)
deliberare (2)
delimitare (2)
delineare (2)
delinquere (23)
delirare (2)
deliziare (93)
delucidare (2)
deludere (18)
demandare (2)
demarcare (13)
demeritare (2)
demilitarizzare (2)
demistificare (13)
democratizzare (2)
demolire (11)
demoltiplicare (13)
demoralizzare (2)
demordere (7)
demotivare (2)
denaturare (2)
denazificare (13)
denazionalizzare
(2)
denegare (61)
denicotinizzare (2)
denigrare (2)
denominare (2)
denotare (2)
dentellare (2)
denuclearizzare (2)
denudare (2)
denunciare (15)
denunziare (93)

deodorare (2)
depauperare (2)
depenalizzare (2)
depennare (2)
deperire (11)
depilare (2)
depistare (2)
deplorare (2)
depolarizzare (2)
depoliticizzare (2)
deporre (70)
deportare (2)
depositare (2)
depotenziare (93)
depravare (2)
deprecare (13)
depredare (2)
deprezzare (2)
deprimere (40)
deprivare (2)
depurare (2)
deputare (2)
dequalificare (13)
deragliare (93)
derapare (2)
derattizzare (2)
deregolamentare
(2)
deresponsabilizzare
(2)
deridere (76)
derivare (2)
derogare (61)
derubare (2)
derubricare (13)
desacralizzare (2)
desalinizzare (2)
descolarizzare (2)
descrivere (85)
desensibilizzare (2)

desiare (51)
desiderare (2)
designare (2)
desistere (49)
desolare (2)
desquamare (2)
destabilizzare (2)
destare (2)
destinare (2)
destituire (11)
destreggiare (54)
desumere (73)
detenere (95)
detergere (36)
deteriorare (2)
determinare (2)
detestare (2)
detonare (2)
detrarre (97)
detronizzare (2)
dettagliare (93)
dettare (2)
deturpare (2)
deumidificare (13)
devastare (2)
deviare (51)
devitalizzare (2)
devitaminizzare (2)
devolvere (23)
diagnosticare (13)
diagrammare (2)
dialettalizzare (2)
dializzare (2)
dialogare (61)
dialogizzare (2)
dibattere (23)
diboscare (13)
dichiarare (2)
difendere (72)
difettare (2)

diffamare (2)
differenziare (93)
differire (11)
diffidare (2)
diffondere (44)
digerire (11)
digitalizzare (2)
digitare (2)
digiunare (2)
digradare (2)
digrassare (2)
digrignare (2)
digrossare (2)
dilaccrare (2)
dilagare (61)
dilaniare (93)
dilapidare (2)
dilatare (2)
dilavare (2)
dilazionare (2)
dileggiare (54)
dileguare (2)
dilettare (2)
diliscare (13)
diluire (11)
dilungare (61)
diluviare (93)
dimagrare (2)
dimagrire (11)
dimensionare (2)
dimenticare (13)
dimettere (56)
dimezzare (2)
diminuire (11)
dimissionare (2)
dimorare (2)
dimostrare (2)
dinamizzare (2)
dinoccolare (2)
dipanare (2)

dipartire (11)
dipendere (72)
dipingere (43)
diplomare (2)
diradare (2)
diradicare (13)
diramare (2)
diraspare (2)
dire (28)
direzionare (2)
diricciare (15)
dirigere (29)
dirimere (23)
diroccare (13)
dirompere (80)
dirottare (2)
dirozzare (2)
disabilitare (2)
disabituare (2)
disaccentare (2)
disacerbare (2)
disacidire (11)
disadattare (2)
disadornare (2)
disaffezionare (2)
disaggradare (2)
disaggregare (61)
disagiare (54)
disalberare (2)
disallineare (2)
disaminare (2)
disamorare (2)
disancorare (2)
disanimare (2)
disapplicare (13)
disapprovare (2)
disarcionare (2)
disarmare (2)
disarmonizzare (2)
disarticolare (2)

disassociare (15)
disastrare (2)
disattendere (72)
disattivare (2)
disavvantaggiarsi (54)
disavvezzare (2)
disboscare (13)
disbrigare (61)
disbrogliare (93)
discacciare (15)
discapitare (2)
discaricare (13)
discendere (72)
discernere (23)
discettare (2)
dischiudere (18)
discingere (43)
disciogliere (84)
disciplinare (2)
discolorare (2)
discolpare (2)
disconnettere (4)
disconoscere (20)
discoprire (6)
discordare (2)
discorrere (22)
discostare (2)
discreditare (2)
discrepare (2)
discriminare (2)
discutere (30)
disdegnare (2)
disdire (28)
diseducare (13)
disegnare (2)
diserbare (2)
diseredare (2)
disertare (2)
disfare (42)

disgelare (2)
disgiungere (47)
disgregare (61)
disgrossare (2)
disgustare (2)
disidratare (2)
disilludere (18)
disimballare (2)
disimparare (2)
disimpegnare (2)
disincagliare (93)
disincantare (2)
disinfestare (2)
disinfettare (2)
disinfiammare (2)
disingannare (2)
disinibire (11)
disinnamorare (2)
disinnescare (13)
disinnestare (2)
disinquinare (2)
disinserire (11)
disintasare (2)
disintegrare (2)
disinteressare (2)
disintossicare (13)
disinvestire (63)
disistimare (2)
dislocare (13)
dismettere (56)
disobbedire (11)
disobbligare (61)
disoccupare (2)
disonorare (2)
disordinare (2)
disorganizzare (2)
disorientare (2)
disormeggiare (54)
disossare (2)
disossidare (2)

disparire (5)
dispensare (2)
disperare (2)
disperdere (64)
dispiacere (66)
dispiegare (61)
disporre (70)
dispregiare (54)
disprezzare (2)
disputare (2)
disqualificare (13)
disquisire (11)
dissacrare (2)
dissalare (2)
dissaldare (2)
dissanguare (2)
dissanguinare (2)
dissecare (13)
disseccare (13)
disselciare (15)
dissellare (2)
disseminare (2)
dissentire (63)
disseppellire (11)
disserrare (2)
dissertare (2)
dissestare (2)
dissetare (2)
dissigillare (2)
dissimulare (2)
dissipare (2)
dissociare (15)
dissodare (2)
dissolvere (31)
dissomigliare (93)
dissotterrare (2)
dissuadere (65)
dissuggellare (2)
distaccare (13)
distanziare (93)

distare (2)
distendere (72)
distillare (2)
distinguere (32)
distogliere (84)
distorcere (96)
distrarre (97)
distribuire (11)
districare (13)
distruggere (33)
disturbare (2)
disubbidire (11)
disuguagliare (93)
disumanizzare (2)
disunire (11)
disusare (2)
disvelare (2)
disviare (51)
disvolere (106)
diteggiare (54)
dittongare (61)
divagare (61)
divampare (2)
divaricare (13)
divedere (101)
diveggiare (54)
divellere (94)
divenire (102)
diventare (2)
divergere (36)
diversificare (13)
divertire (63)
divezzare (2)
dividere (76)
divinare (2)
divincolare (2)
divinizzare (2)
divorare (2)
divorziare (93)
divulgare (61)

docciare (15)
documentare (2)
dolcificare (13)
dolere (34)
dolorare (2)
domandare (2)
domare (2)
domiciliare (93)
dominare (2)
donare (2)
dondolare (2)
doppiare (93)
dorare (2)
dormicchiare (93)
dormire (63)
dosare (2)
dotare (2)
dottoreggiare (54)
dovere (35)
dragare (61)
drammatizzare (2)
drappeggiare (54)
drenare (2)
dribblare (2)
drizzare (2)
drogare (61)
dubitare (2)
duellare (2)
duplicare (13)
durare (2)
eccedere (23)
eccellere (94)
eccepire (11)
eccettuare (2)
eccitare (2)
echeggiare (54)
eclissare (2)
economizzare (2)
edificare (13)
editare (2)

educare (13)
edulcorare (2)
effeminare (2)
effettuare (2)
effigiare (54)
effondere (44)
egemonizzare (2)
eguagliare (93)
eiaculare (2)
elaborare (2)
elargire (11)
elasticizzare (2)
eleggere (53)
elementarizzare (2)
elencare (13)
elettrificare (13)
elettrizzare (2)
elevare (2)
elidere (76)
eliminare (2)
elogiare (54)
elucubrare (2)
eludere (18)
emaciare (15)
emanare (2)
emancipare (2)
emarginare (2)
emendare (2)
emergere (36)
emettere (56)
emigrare (2)
emozionare (2)
empiere (16)
empire (37)
emulare (2)
encomiare (93)
enfatizzare (2)
enfiare (93)
entrare (2)
entusiasmare (2)

enucleare (2)
enumerare (2)
enunciare (15)
enunziare (93)
epurare (2)
equidistare (2)
equilibrare (2)
equipaggiare (54)
equiparare (2)
equivalere (100)
equivocare (13)
eradicare (13)
erborizzare (2)
ereditare (2)
ergere (36)
erigere (29)
erodere (79)
erogare (61)
eroicizzare (2)
erompere (80)
erpicare (13)
errare (2)
erudire (11)
eruttare (2)
esacerbare (2)
esagerare (2)
esagitare (2)
esalare (2)
esaltare (2)
esaminare (2)
esasperare (2)
esaudire (11)
esaurire (11)
esautorare (2)
esclamare (2)
escludere (18)
escogitare (2)
escoriare (93)
escutere (30)
esecrare (2)

eseguire (63)
esemplificare (13)
esentare (2)
esercire (11)
esercitare (2)
esibire (11)
esigere (74)
esilarare (2)
esiliare (93)
esimere (23)
esistere (49)
esitare (2)
esonerare (2)
esorbitare (2)
esorcizzare (2)
esordire (11)
esortare (2)
espandere (38)
espatriare (93)
espellere (39)
esperire (11)
espettorare (2)
espiare (51)
espirare (2)
espletare (2)
esplicare (13)
esplicitare (2)
esplodere (79)
esplorare (2)
esporre (70)
esportare (2)
esprimere (40)
espropriare (93)
espugnare (2)
espungere (47)
espurgare (61)
essere (41)
essiccare (13)
estasiare (93)
estendere (72)

estenuare (2)
esterificare (13)
esteriorizzare (2)
esternare (2)
estetizzare (2)
estimare (2)
estinguere (32)
estirpare (2)
estollere (23)
estorcere (96)
estradare (2)
estraniare (93)
estrapolare (2)
estrarre (97)
estremizzare (2)
estrinsecare (13)
estromettere (56)
estrovertere (23)
estrudere (18)
esulare (2)
esulcerare (2)
esultare (2)
esumare (2)
eterificare (13)
eterizzare (2)
eternare (2)
etichettare (2)
etimologizzare (2)
europeizzare (2)
evacuare (2)
evadere (50)
evangelizzare (2)
evaporare (2)
evidenziare (93)
evincere (104)
evirare (2)
evitare (2)
evocare (13)
evoluire (11)
evolvere (31)

fabbricare (13)
facilitare (2)
fagocitare (2)
falcare (13)
falciare (15)
falcidiare (93)
fallire (11)
falsare (2)
falsificare (13)
familiarizzare (2)
fanatizzare (2)
fantasticare (13)
farcire (11)
fare (42)
farfugliare (93)
farneticare (13)
fasciare (15)
fascicolare (2)
fascinare (2)
fascistizzare (2)
fatare (2)
faticare (13)
fattorizzare (2)
fatturare (2)
favellare (2)
favoleggiare (54)
favoreggiare (54)
favorire (11)
fecondare (2)
federare (2)
felicitare (2)
felpare (2)
feltrare (2)
fendere (23)
ferire (11)
fermare (2)
fermentare (2)
ferrare (2)
fertilizzare (2)
fervere (23)

fessurarsi (2)
festeggiare (54)
fiaccare (13)
fiammeggiare (54)
fiancare (13)
fiancheggiare (54)
fiatare (2)
ficcare (13)
fidanzare (2)
fidare (2)
figgere (45)
figliare (93)
figurare (2)
filare (2)
fileggiare (54)
filettare (2)
filmare (2)
filosofare (2)
filosofeggiare (54)
filtrare (2)
finalizzare (2)
finanziare (93)
fingere (43)
finire (11)
fintare (2)
fioccare (13)
fiocinare (2)
fiorentineggiare (54)
fiorettare (2)
fiorire (11)
fiottare (2)
firmare (2)
fiscaleggiare (54)
fiscalizzare (2)
fischiare (93)
fischiettare (2)
fissare (2)
fiutare (2)
flagellare (2)

flettere (4)
flirlare (2)
flottare (2)
fluidificare (13)
fluire (11)
fluttuare (2)
focalizzare (2)
foderare (2)
foggiare (54)
fogliare (93)
folgorare (2)
follare (2)
folleggiare (54)
fomentare (2)
fonare (2)
fondare (2)
fondere (44)
foracchiare (93)
foraggiare (54)
forare (2)
forbire (11)
forgiare (54)
formalizzare (2)
formare (2)
formicolare (2)
formulare (2)
fornicare (13)
fornire (11)
fortificare (13)
forviare (51)
forzare (2)
fosforeggiare (54)
fossilizzare (2)
fotocomporre (70)
fotocopiare (93)
fotografare (2)
fottere (23)
fracassare (2)
fraintendere (72)
frammentare (2)

frammescolare (2)
frammettere (56)
frammezzare (2)
frammischiare (93)
franare (2)
francare (13)
franceseggiare (54)
francesizzare (2)
frangere (67)
frangiare (54)
frantumare (2)
frapporre (70)
fraseggiare (54)
frastagliare (93)
frastornare (2)
fraternizzare (2)
fratturare (2)
frazionare (2)
frecciare (15)
freddare (2)
fregare (61)
fregiare (54)
fremere (23)
frenare (2)
frequentare (2)
fresare (2)
friggere (45)
frignare (2)
frinire (11)
frivoleggiare (54)
frizionare (2)
frizzare (2)
frodare (2)
frollare (2)
frondeggiare (54)
fronteggiare (54)
frugacchiare (93)
frugare (61)
fruire (11)
frullare (2)

frusciare (15)
frustare (2)
frustrare (2)
fruttare (2)
fruttificare (13)
fucilare (2)
fucinare (2)
fugare (61)
fuggire (63)
fulgere (107)
fulminare (2)
fumare (2)
fumeggiare (54)
fumigare (61)
funestare (2)
fungere (47)
funghire (11)
funzionare (2)
fuoriuscire (99)
fuoruscire (99)
fuorviare (51)
furoreggiare (54)
fustigare (61)
gabbare (2)
gabellare (2)
galleggiare (54)
gallicizzare (2)
gallonare (2)
galoppare (2)
galvanizzare (2)
gambizzare (2)
garantire (11)
garbare (2)
gareggiare (54)
gargarizzare (2)
garrire (11)
garrottare (2)
garzare (2)
gasare (2)
gassificare (13)

gatteggiare (54)
gattonare (2)
gelare (2)
gelatinizzare (2)
gelificare (13)
gemellare (2)
gemere (23)
geminare (2)
gemmare (2)
generalizzare (2)
generare (2)
genuflettere (4)
genuflettersi (4)
gerarchizzare (2)
germanizzare (2)
germinare (2)
germogliare (93)
gessare (2)
gesticolare (2)
gestire (11)
gettare (2)
gettonare (2)
ghermire (11)
ghettizzare (2)
ghiacciare (15)
ghigliottinare (2)
ghignare (2)
ghindare (2)
gi(u)ocare (46)
giacere (66)
giganteggiare (54)
gigioneggiare (54)
gingillare (2)
giocherellare (2)
giochicchiare (93)
gioire (11)
giostrare (2)
giovare (2)
girandolare (2)
girare (2)

girellare (2)
gironzolare (2)
girovagare (61)
giubilare (2)
giudicare (13)
giungere (47)
giuntare (2)
giurare (2)
giustapporre (70)
giustificare (13)
giustiziare (93)
glissare (2)
gloglottare (2)
gloriare (93)
glorificare (13)
glossare (2)
gocciare (15)
gocciolare (2)
godere (48)
gommare (2)
gonfiare (93)
gongolare (2)
gorgheggiare (54)
gorgogliare (93)
governare (2)
gozzovigliare (93)
gracchiare (93)
gracidare (2)
gradinare (2)
gradire (11)
graduare (2)
graffiare (93)
graffire (11)
gramolare (2)
grandeggiare (54)
grandinare (2)
granire (11)
granulare (2)
graticciare (15)
graticolare (2)

gratificare (13)
gratinare (2)
grattare (2)
grattugiare (54)
gravare (2)
gravitare (2)
graziare (93)
grecheggiare (54)
grecizzare (2)
gremire (11)
gridare (2)
grigliare (93)
grillettare (2)
grippare (2)
grommare (2)
grondare (2)
grufolare (2)
grugnire (11)
guadagnare (2)
guadare (2)
guaire (11)
gualcire (11)
guardare (2)
guarire (11)
guarnire (11)
guastare (2)
guatare (2)
guazzabugliare
(93)
guerreggiare (54)
gufare (2)
guidare (2)
guizzare (2)
handicappare (2)
ibernare (2)
ibridare (2)
idealizzare (2)
ideare (2)
identificare (13)
ideologizzare (2)

idolatrare (2)
idoleggiare (54)
idratare (2)
idrogenare (2)
iemalizzare (2)
ignorare (2)
illanguidire (11)
illeggiadrire (11)
illividire (11)
illudere (18)
illuminare (2)
illustrare (2)
imbacuccare (13)
imbaldanzire (11)
imballare (2)
imbalsamare (2)
imbambolare (2)
imbandierare (2)
imbandire (11)
imbarazzare (2)
imbarbarire (11)
imbarcare (13)
imbastardire (11)
imbastire (11)
imbattersi (23)
imbavagliare (93)
imbeccare (13)
imbecillire (11)
imbellettare (2)
imbellire (11)
imbestialire (11)
imbevere (23)
imbiaccare (13)
imbiancare (13)
imbianchire (11)
imbiettare (2)
imbiondire (11)
imbizzarrire (11)
imboccare (13)
imbolsire (11)

imbonire (11)
imborghesire (11)
imboscare (13)
imboschire (11)
imbottare (2)
imbottigliare (93)
imbottire (11)
imbracare (13)
imbracciare (15)
imbrancare (13)
imbrattare (2)
imbrecciare (15)
imbrigliare (93)
imbrillantinare (2)
imbroccare (13)
imbrodare (2)
imbrodolare (2)
imbrogliare (93)
imbronciare (15)
imbrunare (2)
imbrunire (11)
imbruttire (11)
imbucare (13)
imbufalire (11)
imbullettare (2)
imbullonare (2)
imburrare (2)
imbussolare (2)
imbustare (2)
imitare (2)
immagazzinare (2)
immaginare (2)
immalinconire (11)
immatricolare (2)
immedesimare (2)
immergere (36)
immettere (56)
immigrare (2)
immischiare (93)
immiserire (11)

immobilizzare (2)
immolare (2)
immorsare (2)
immortalare (2)
immucidire (11)
immunizzare (2)
immusonirsi (11)
impaccare (13)
impacchettare (2)
impacciare (15)
impadronirsi (11)
impaginare (2)
impagliare (93)
impalare (2)
impalcare (13)
impallare (2)
impallidire (11)
impallinare (2)
impalmare (2)
impaludare (2)
impanare (2)
impancare (13)
impaniare (93)
impannare (2)
impantanare (2)
impaperarsi (2)
impappinare (2)
imparacchiare (93)
imparare (2)
imparentare (2)
imparruccare (13)
impartire (11)
impastare (2)
impasticcarsi (13)
impasticciare (15)
impastocchiare
(93)
impastoiare (93)
impataccare (13)
impaurire (11)

impavesare (2)
impazientire (11)
impazzare (2)
impazzire (11)
impecettare (2)
impeciare (15)
impedantire (11)
impedire (11)
impegnare (2)
impegolare (2)
impelagarsi (61)
impellere (39)
impellicciare (15)
impennacchiare
(93)
impennare (2)
impensierire (11)
impepare (2)
imperare (2)
imperlare (2)
impermalire (11)
impermeabilizzare
(2)
imperniare (93)
impersonare (2)
imperversare (2)
impestare (2)
impetrare (2)
impettirsi (11)
impiagare (61)
impiallacciare (15)
impiantare (2)
impiastrare (2)
impiastricciare (15)
impiccare (13)
impicciare (15)
impiccolire (11)
impidocchiare (93)
impidocchirsi (11)
impiegare (61)

impietosire (11)
impietrire (11)
impigliare (93)
impigrire (11)
impillaccherarsi (2)
impinguare (2)
impiombare (2)
impiparsi (2)
impiumare (2)
implementare (2)
implicare (13)
implorare (2)
impollinare (2)
impolpare (2)
impoltronire (11)
impolverare (2)
impomatare (2)
impomiciare (15)
imporporare (2)
imporre (70)
importare (2)
importunare (2)
impossessarsi (2)
impossibilitare (2)
impostare (2)
impoverire (11)
impratichire (11)
imprecare (13)
impregnare (2)
imprendere (72)
impresciuttire (11)
impressionare (2)
imprestare (2)
impreziosire (11)
imprigionare (2)
imprimere (40)
improntare (2)
improvvisare (2)
impugnare (2)
impuntare (2)

impuntire (11)
impunturare (2)
imputare (2)
imputridire (11)
impuzzolentire (11)
inabilitare (2)
inabissare (2)
inacerbire (11)
inacetire (11)
inacidire (11)
inalare (2)
inalberare (2)
inalveare (2)
inamidare (2)
inanellare (2)
inanimare (2)
inarcare (13)
inargentare (2)
inaridire (11)
inasinire (11)
inasprire (11)
inastare (2)
inattivare (2)
inaugurare (2)
inazzurrare (2)
incadaverire (11)
incagliare (93)
incalcinare (2)
incallire (11)
incalorire (11)
incalzare (2)
incamerare (2)
incamiciare (15)
incamminare (2)
incanaglire (11)
incanalare (2)
incancherire (11)
incancrenire (11)
incannare (2)
incannucciare (15)

incantare (2)
incantucciare (15)
incanutire (11)
incaparbire (11)
incaponirsi (11)
incappare (2)
incappellare (2)
incappiare (93)
incappottare (2)
incappucciare (15)
incaprettare (2)
incapricciare (15)
incapsulare (2)
incarcerare (2)
incardinare (2)
incaricare (13)
incarnare (2)
incarnire (11)
incarognire (11)
incarrucolare (2)
incartapecorire (11)
incartare (2)
incartocciare (15)
incartonare (2)
incasellare (2)
incasinare (2)
incassare (2)
incastonare (2)
incastrare (2)
incatenare (2)
incatorzolire (11)
incatramare (2)
incattivire (11)
incavare (2)
incavezzare (2)
incavigliare (93)
incavolarsi (2)
incazzarsi (2)
incazzottare (2)
incedere (23)

incendiare (93)
incenerire (11)
incensare (2)
incentivare (2)
incentrare (2)
inceppare (2)
inceralaccare (13)
incerare (2)
incernierare (2)
inceronare (2)
incerottare (2)
incespicare (13)
incestare (2)
incettare (2)
inchinare (2)
inchiodare (2)
inchiostrare (2)
inciampare (2)
inciampicare (13)
incidere (76)
incimurrire (11)
incinerare (2)
incipollire (11)
incipriare (93)
inciprignire (11)
incistarsi (2)
incitare (2)
incitrullire (11)
inciuccare (13)
inciuchire (11)
incivilire (11)
inclinare (2)
includere (18)
incoccare (13)
incocciare (15)
incodardire (11)
incogliere (84)
incoiare (93)
incollare (2)
incollerire (11)

incolonnare (2)
incolpare (2)
incombere (23)
incominciare (15)
incomodare (2)
incontrare (2)
incoraggiare (54)
incorare (2)
incordare (2)
incornare (2)
incorniciare (15)
incoronare (2)
incorporare (2)
incorrere (22)
incravattare (2)
incrementare (2)
increscere (24)
increspare (2)
incretinire (11)
incriminare (2)
incrinare (2)
incrociare (15)
incrocicchiare (93)
incrodarsi (2)
incrostare (2)
incrudelire (11)
incrudire (11)
incruscare (13)
incubare (2)
inculcare (13)
incuneare (2)
incuoiare (93)
incuorare (2)
incupire (11)
incuriosire (11)
incurvare (2)
incurvire (11)
incutere (30)
indagare (61)
indebitare (2)

indebolire (11)
indemaniare (93)
indemoniare (93)
indennizzare (2)
indentare (2)
indiavolare (2)
indicare (13)
indicizzare (2)
indietreggiare (54)
indignare (2)
indire (28)
indirizzare (2)
indispettire (11)
indisporre (70)
individualizzare (2)
individuare (2)
indiziare (93)
indocilire (11)
indolcire (11)
indolenzire (11)
indorare (2)
indossare (2)
indottrinare (2)
indovinare (2)
indugiare (54)
indulgere (107)
indurire (11)
indurre (19)
industrializzare (2)
industriarsi (93)
inebetire (11)
inebriare (93)
inerire (11)
inerpicare (13)
infagottare (2)
infamare (2)
infangare (61)
infarcire (11)
infarinare (2)
infastidire (11)

infatuare (2)
infeltrire (11)
infemminire (11)
inferire (11)
inferocire (11)
infervorare (2)
infestare (2)
infetidire (11)
infettare (2)
infeudare (2)
infiacchire (11)
infiammare (2)
infiascare (13)
inficiare (15)
infierire (11)
infiggere (1)
infilare (2)
infiltrarsi (2)
infilzare (2)
infingardire (11)
infingere (43)
infinocchiare (93)
infioccare (13)
infiocchettare (2)
infiochire (11)
infiorare (2)
infiorentinire (11)
infiorettare (2)
infirmare (2)
infischiarsi (93)
infittire (11)
inflazionare (2)
infliggere (45)
influenzare (2)
influire (11)
infocare (13)
infognarsi (2)
infoltire (11)
infondere (44)
inforcare (13)

147

inforestierire (11)
informare (2)
informatizzare (2)
informicolirsi (11)
infornaciare (15)
infornare (2)
infortire (11)
infortunarsi (2)
infoscare (13)
infossare (2)
infradiciare (15)
inframmettere (56)
inframmezzare (2)
infrangere (67)
infrascare (13)
infreddolire (11)
infrigidire (11)
infrollire (11)
infrondire (11)
infuocare (13)
infurbire (11)
infuriare (93)
ingabbiare (93)
ingaggiare (54)
ingagliardire (11)
ingannare (2)
ingarbugliare (93)
ingegnarsi (2)
ingelosire (11)
ingemmare (2)
ingenerare (2)
ingentilire (11)
ingerire (11)
ingessare (2)
inghiaiare (93)
inghiottire (11)
inghirlandare (2)
ingiallire (11)
ingigantire (11)
inginocchiarsi (93)

ingioiellare (2)
ingiungere (47)
ingiuriare (93)
inglobare (2)
ingobbire (11)
ingoffire (11)
ingoiare (93)
ingolfare (2)
ingollare (2)
ingolosire (11)
ingombrare (2)
ingommare (2)
ingorgare (61)
ingozzare (2)
ingracilire (11)
ingranare (2)
ingrandire (11)
ingrassare (2)
ingraticciare (15)
ingraticolare (2)
ingravidare (2)
ingraziare (93)
ingrigire (11)
ingrommare (2)
ingrossare (2)
ingrugnare (2)
ingrugnire (11)
inguaiare (93)
inguainare (2)
ingualdrappare (2)
inguantare (2)
ingurgitare (2)
inibire (11)
iniettare (2)
inimicare (13)
iniziare (93)
innaffiare (93)
innalzare (2)
innamorare (2)
inneggiare (54)

innervare (2)
innervosire (11)
innescare (13)
innestare (2)
innevarsi (2)
innovare (2)
inoculare (2)
inoltrare (2)
inombrare (2)
inondare (2)
inorgoglire (11)
inorridire (11)
inquadrare (2)
inquietare (2)
inquinare (2)
inquisire (11)
insabbiare (93)
insaccare (13)
insaldare (2)
insalivare (2)
insalvatichire (11)
insanguinare (2)
insanire (11)
insaponare (2)
insaporire (11)
insavire (11)
inscenare (2)
inscrivere (85)
inscurire (11)
insecchire (11)
insediare (93)
insegnare (2)
inseguire (63)
insellare (2)
inselvarsi (2)
inselvatichire (11)
inseminare (2)
inserire (11)
insidiare (93)
insignire (11)

insilare (2)
insinuare (2)
insistere (49)
insolentire (11)
insonorizzare (2)
insordire (11)
insorgere (69)
insospettire (11)
insozzare (2)
inspessire (11)
inspirare (2)
installare (2)
instaurare (2)
insterilire (11)
instillare (2)
instituire (11)
instradare (2)
instupidire (11)
insudiciare (15)
insufflare (2)
insultare (2)
insuperbire (11)
intabarrare (2)
intaccare (13)
intagliare (93)
intanarsi (2)
intarlarsi (2)
intarmarsi (2)
intarsiare (93)
intasare (2)
intascare (13)
intassellare (2)
intavolare (2)
intedescare (13)
integrare (2)
intelaiare (93)
intellettualizzare (2)
intendere (72)
intenerire (11)

intensificare (13)
intentare (2)
intepidire (11)
interagire (11)
intercalare (2)
intercedere (23)
intercettare (2)
intercludere (18)
interconnettere (4)
intercorrere (22)
interdire (28)
interessare (2)
interfacciare (15)
interferire (11)
interfogliare (93)
interfoliare (93)
interinare (2)
interiorizzare (2)
interloquire (11)
internare (2)
interpellare (2)
interpolare (2)
interporre (70)
interpretare (2)
interpungere (47)
interrogare (61)
interrompere (80)
intersecare (13)
intervallare (2)
intervenire (102)
intervistare (2)
intessere (23)
intestardirsi (11)
intestare (2)
intiepidire (11)
intimare (2)
intimidire (11)
intimorire (11)
intingere (43)
intirizzire (11)

intisichire (11)
intitolare (2)
intonacare (13)
intonare (2)
intontire (11)
intoppare (2)
intorbare (2)
intorbidare (2)
intorbidire (11)
intormentire (11)
intorpidire (11)
intoscanire (11)
intossicare (13)
intralciare (15)
intrallazzare (2)
intramezzare (2)
intrappolare (2)
intraprendere (72)
intrattenere (95)
intravedere (101)
intravvedere (101)
intrecciare (15)
intricare (13)
intridere (76)
intrigare (61)
intrippare (2)
intristire (11)
introdurre (19)
introitare (2)
intromettere (56)
intronare (2)
intrudere (18)
intrufolare (2)
intrugliare (93)
intruppare (2)
intubare (2)
intuire (11)
intumidire (11)
inturgidire (11)
inumare (2)

149

inumidire (11)
inurbarsi (2)
inutilizzare (2)
invadere (50)
invaghire (11)
invalere (100)
invalidare (2)
invasare (2)
invecchiare (93)
inveire (11)
invelenire (11)
inventare (2)
inventariare (93)
inverdire (11)
invermigliare (93)
inverminire (11)
inverniciare (15)
invertire (63)
investigare (61)
investire (63)
invetriare (93)
inviare (51)
invidiare (93)
invigliacchire (11)
invigorire (11)
invilire (11)
inviluppare (2)
inviperire (11)
invischiare (93)
inviscidire (11)
invitare (2)
invocare (13)
invogliare (93)
involare (2)
involgarire (11)
involgere (107)
involtare (2)
involvere (31)
inzaccherare (2)
inzavorrare (2)

inzeppare (2)
inzolfare (2)
inzotichire (11)
inzuccherare (2)
inzuppare (2)
ionizzare (2)
iperboleggiare (54)
ipnotizzare (2)
ipostatizzare (2)
ipotecare (13)
ipotizzare (2)
ire (52)
iridare (2)
ironizzare (2)
irradiare (93)
irraggiare (54)
irrancidire (11)
irreggimentare (2)
irretire (11)
irridere (76)
irrigare (61)
irrigidire (11)
irritare (2)
irrobustire (11)
irrogare (61)
irrompere (80)
irrorare (2)
irrugginire (11)
irruvidire (11)
ischeletrire (11)
iscrivere (85)
islamizzare (2)
isolare (2)
ispanizzare (2)
ispessire (11)
ispezionare (2)
ispirare (2)
issare (2)
istallare (2)
isterilire (11)

istigare (61)
istillare (2)
istituire (11)
istituzionalizzare
(2)
istoriare (93)
istradare (2)
istruire (11)
istupidire (11)
italianeggiare (54)
italianizzare (2)
iterare (2)
laccare (13)
lacerare (2)
ladroneggiare (54)
lagnarsi (2)
lagrimare (2)
laicizzare (2)
lambiccare (13)
lambire (11)
lamentare (2)
laminare (2)
lampeggiare (54)
lanciare (15)
languire (11)
lapidare (2)
lappare (2)
lardellare (2)
largare (61)
largheggiare (54)
largire (11)
lascare (13)
lasciare (15)
lastricare (13)
latineggiare (54)
latinizzare (2)
latrare (2)
laureare (2)
lavare (2)
lavorare (2)

lavoricchiare (93)
leccare (13)
ledere (50)
legalizzare (2)
legare (61)
leggere (53)
leggicchiare (93)
leggiucchiare (93)
legiferare (2)
legittimare (2)
legnare (2)
lemmatizzare (2)
lenire (11)
lesinare (2)
lesionare (2)
lessare (2)
leticare (13)
letiziare (93)
levare (2)
levigare (61)
levitare (2)
libare (2)
liberare (2)
librare (2)
licenziare (93)
licitare (2)
lievitare (2)
lignificare (13)
limare (2)
limitare (2)
linciare (15)
liquefare (42)
liquidare (2)
liricizzare (2)
lisciare (15)
lisciviare (93)
listare (2)
litigare (61)
litografare (2)
livellare (2)

lizzare (2)
lobotomizzare (2)
localizzare (2)
locare (13)
lodare (2)
logorare (2)
lordare (2)
lottare (2)
lottizzare (2)
lubrificare (13)
luccicare (13)
lucere (23)
lucidare (2)
lucrare (2)
lumeggiare (54)
lusingare (61)
lussare (2)
lussureggiare (54)
lustrare (2)
macchiare (93)
macchiettare (2)
macchinare (2)
macellare (2)
macerare (2)
macinare (2)
maciullare (2)
maculare (2)
madrigaleggiare (54)
maggiorare (2)
magnetizzare (2)
magnificare (13)
malandare (3)
maledire (28)
malgiudicare (13)
malignare (2)
maliziare (93)
malmenare (2)
maltrattare (2)
malvolere (106)

mancare (13)
mandare (2)
maneggiare (54)
manganare (2)
manganellare (2)
mangiare (54)
mangiucchiare (93)
manifestare (2)
manipolare (2)
manomettere (56)
manovrare (2)
mantecare (13)
mantenere (95)
marcare (13)
marchiare (93)
marciare (15)
marcire (11)
mareggiare (54)
marezzare (2)
marginare (2)
marinare (2)
maritare (2)
marmorizzare (2)
marnare (2)
marocchinare (2)
martellare (2)
martirizzare (2)
martoriare (93)
mascherare (2)
maschiare (93)
maschiettare (2)
mascolinizzare (2)
massacrare (2)
massaggiare (54)
massicciare (15)
massificare (13)
massimizzare (2)
masticare (13)
masturbare (2)
matematizzare (2)

materializzare (2)
matricolare (2)
matrizzare (2)
mattonare (2)
maturare (2)
meccanizzare (2)
mediare (93)
medicare (13)
meditare (2)
mellificare (13)
memorizzare (2)
menare (2)
mendicare (13)
mentire (63)
menzionare (2)
meravigliare (2)
meravigliare (93)
mercanteggiare (54)
mercerizzare (2)
mercificare (13)
meridionalizzare (2)
meriggiare (54)
merilare (2)
merlare (2)
merlettare (2)
mescere (55)
mescolare (2)
mestare (2)
mesticare (13)
metaforeggiare (54)
mettere (56)
microfilmare (2)
mietere (23)
migliorare (2)
migrare (2)
militarizzare (2)
millantare (2)

mimare (2)
mimetizzare (2)
minacciare (15)
minare (2)
minchionare (2)
mineralizzare (2)
mingere (43)
miniare (93)
minimizzare (2)
minorare (2)
mirare (2)
miscelare (2)
mischiare (93)
misconoscere (20)
mistificare (13)
misurare (2)
miticizzare (2)
mitigare (61)
mitizzare (2)
mitragliare (93)
mobiliare (93)
modellare (2)
moderare (2)
modernizzare (2)
modificare (13)
modulare (2)
molare (2)
molcere (23)
molestare (2)
mollare (2)
molleggiare (54)
moltiplicare (13)
monacare (13)
mondare (2)
monetare (2)
monetizzare (2)
monologare (61)
monopolizzare (2)
montare (2)
moraleggiare (54)

moralizzare (2)
mordere (7)
mordicchiare (93)
morire (57)
mormorare (2)
morsicare (13)
morsicchiare (93)
mortificare (13)
mostrare (2)
motivare (2)
motorizzare (2)
motteggiare (54)
movimentare (2)
mozzare (2)
muffire (11)
mugghiare (93)
muggire (11)
mugolare (2)
mugugnare (2)
mulinare (2)
multare (2)
mummificare (13)
mungere (47)
municipalizzare (2)
munire (11)
muovere (58)
murare (2)
musicare (13)
mutare (2)
mutilare (2)
mutuare (2)
narcotizzare (2)
narrare (2)
nasalizzare (2)
nascere (59)
nascondere (78)
naturalizzare (2)
naufragare (61)
nauseare (2)
navigare (61)

nazificare (13)
nazionalizzare (2)
nebulizzare (2)
necessitare (2)
necrotizzare (2)
negare (61)
negligere (29)
negoziare (93)
nereggiare (54)
neutralizzare (2)
nevicare (13)
nevischiare (93)
nicchiare (93)
nichelare (2)
nidificare (13)
niellare (2)
ninnare (2)
ninnolare (2)
nitrire (11)
nobilitare (2)
noleggiare (54)
nominare (2)
normalizzare (2)
notare (2)
notificare (13)
novellare (2)
noverare (2)
nudare (2)
numerare (2)
nuocere (60)
nuotare (2)
nutricare (13)
nutrire (63)
obbedire (11)
obbligare (61)
oberare (2)
obiettare (2)
obliare (51)
obliterare (2)
obnubilare (2)

occhieggiare (54)
occidentalizzare (2)
occludere (18)
occorrere (22)
occultare (2)
occupare (2)
odiare (51)
odorare (2)
offendere (72)
officiare (15)
offrire (6)
offuscare (13)
oggettivare (2)
olezzare (2)
oliare (93)
oltraggiare (54)
oltrepassare (2)
ombrare (2)
ombreggiare (54)
omettere (56)
omogeneizzare (2)
omologare (61)
ondeggiare (54)
ondulare (2)
onerare (2)
onorare (2)
operare (2)
opinare (2)
oppiare (93)
opporre (70)
opprimere (40)
oppugnare (2)
optare (2)
oracoleggiare (54)
orbitare (2)
orchestrare (2)
ordinare (2)
ordire (11)
orecchiare (93)
organizzare (2)

orientalizzare (2)
orientare (2)
originare (2)
origliare (93)
orinare (2)
orizzontare (2)
orlare (2)
ormeggiare (54)
ornare (2)
orpellare (2)
orzare (2)
osannare (2)
osare (2)
oscillare (2)
oscurare (2)
ospitare (2)
ossequiare (93)
osservare (2)
ossessionare (2)
ossidare (2)
ossificare (13)
ossigenare (2)
ostacolare (2)
ostare (2)
osteggiare (54)
ostentare (2)
ostinarsi (2)
ostruire (11)
ottemperare (2)
ottenebrare (2)
ottenere (95)
ottimizzare (2)
ottonare (2)
ottundere (21)
ottuplicare (13)
otturare (2)
ovalizzare (2)
ovattare (2)
ovviare (51)
oziare (93)

ozieggiare (54)
ozonizzare (2)
pacare (13)
pacificare (13)
padroneggiare (54)
paganeggiare (54)
paganizzare (2)
pagare (61)
palatalizzare (2)
palesare (2)
palettare (2)
palificare (13)
palleggiare (54)
palliare (93)
palpare (2)
palpeggiare (54)
palpitare (2)
panificare (13)
panneggiare (54)
pappare (2)
paracadutare (2)
paraffinare (2)
parafrasare (2)
paragonare (2)
paragrafare (2)
paralizzare (2)
paralogizzare (2)
parancare (13)
parare (2)
parcare (13)
parcellarizzare (2)
parcheggiare (54)
pareggiare (54)
parere (62)
parificare (13)
parlamentare (2)
parlare (2)
parlottare (2)
parlucchiare (93)
parodiare (93)

partecipare (2)
parteggiare (54)
particolareggiare (54)
partire (63)
partorire (11)
parzializzare (2)
pascere (55)
pascolare (2)
passare (2)
passeggiare (54)
pasteggiare (54)
pasticciare (15)
pastificare (13)
pastorizzare (2)
pasturare (2)
patinare (2)
patire (11)
patrizzare (2)
patrocinare (2)
patteggiare (54)
pattinare (2)
pattugliare (93)
pattuire (11)
paventare (2)
pavesare (2)
pavimentare (2)
pavoneggiarsi (54)
pazientare (2)
pazzeggiare (54)
peccare (13)
pedalare (2)
pedanteggiare (54)
pedinare (2)
peggiorare (2)
pelare (2)
pellegrinare (2)
penalizzare (2)
penare (2)
pencolare (2)

pendere (72)
pendolare (2)
penetrare (2)
pennellare (2)
pennelleggiare (54)
pensare (2)
pensionare (2)
pentirsi (63)
penzolare (2)
percepire (11)
percorrere (22)
percuotere (86)
perdere (64)
perdonare (2)
perdurare (2)
peregrinare (2)
perequare (2)
perfezionare (2)
perforare (2)
pericolare (2)
perifrasare (2)
periodare (2)
periodeggiare (54)
periodizzare (2)
perire (11)
peritarsi (2)
periziare (93)
perlustrare (2)
permanere (77)
permeare (2)
permettere (56)
permutare (2)
pernottare (2)
perorare (2)
perpetrare (2)
perpetuare (2)
perquisire (11)
perscrutare (2)
perseguire (63)
perseguitare (2)

perseverare (2)
persistere (49)
personalizzare (2)
personificare (13)
persuadere (65)
perturbare (2)
pervadere (50)
pervenire (102)
pervertire (63)
pesare (2)
pescare (13)
pestare (2)
pesticciare (15)
pettegolare (2)
pettinare (2)
piacere (66)
piagare (61)
piaggiare (54)
piagnucolare (2)
piallare (2)
pianeggiare (54)
piangere (67)
piangiucchiare (93)
pianificare (13)
piantare (2)
piantonare (2)
piattonare (2)
piazzare (2)
piccare (13)
picchiare (93)
piegare (61)
pieghettare (2)
pietrificare (13)
pigiare (54)
pigliare (93)
pignorare (2)
pigolare (2)
pillottare (2)
pilotare (2)
piluccare (13)

pingere (43)
pinneggiare (54)
pinzare (2)
piombare (2)
piovere (68)
piovigginare (2)
pioviscolare (2)
pipiare (51)
pirateggiare (54)
piroettare (2)
pirografare (2)
pisciare (15)
pisolare (2)
pispigliare (93)
pitoccare (13)
pitturare (2)
pizzicare (13)
pizzicottare (2)
placare (13)
placcare (13)
plagiare (54)
planare (2)
plasmare (2)
plasticare (13)
plastificare (13)
platinare (2)
plaudere (18)
plaudire (63)
poetare (2)
poeticizzare (2)
poetizzare (2)
poggiare (54)
polarizzare (2)
polemizzare (2)
poligrafare (2)
polire (11)
politicizzare (2)
poltrire (11)
polverizzare (2)
pomiciare (15)

pompare (2)
ponderare (2)
pontificare (13)
popolare (2)
popolarizzare (2)
poppare (2)
porgere (69)
porre (70)
portare (2)
posare (2)
posporre (70)
possedere (87)
posteggiare (54)
postergare (61)
posticipare (2)
postillare (2)
postulare (2)
potabilizzare (2)
potare (2)
potenziare (93)
potere (71)
pranzare (2)
praticare (13)
preaccennare (2)
preannunciare (15)
preannunziare (93)
preavvertire (63)
preavvisare (2)
precedere (23)
precettare (2)
precingere (43)
precipitare (2)
precisare (2)
precludere (18)
precomprimere
(40)
preconizzare (2)
preconoscere (20)
precorrere (22)
precostituire (11)

predare (2)
predestinare (2)
predeterminare (2)
predicare (13)
prediligere (29)
predire (28)
predisporre (70)
predominare (2)
preesistere (49)
prefabbricare (13)
preferire (11)
prefiggere (1)
prefigurare (2)
prefinanziare (93)
prefissare (2)
preformare (2)
pregare (61)
pregiare (54)
pregiudicare (13)
pregustare (2)
prelevare (2)
preludere (18)
preludiare (93)
premeditare (2)
premere (23)
premettere (56)
premiare (93)
premorire (57)
premostrare (2)
premunire (11)
premurare (2)
prenascere (59)
prendere (72)
prenotare (2)
preoccupare (2)
preordinare (2)
preparare (2)
preponderare (2)
preporre (70)
presagire (11)

prescegliere (84)
prescindere (83)
prescrivere (85)
presentare (2)
presentire (63)
presenziare (93)
preservare (2)
presidiare (93)
presiedere (23)
pressare (2)
pressurizzare (2)
prestabilire (11)
prestare (2)
presumere (73)
presupporre (70)
pretendere (72)
prevalere (100)
prevaricare (13)
prevedere (101)
prevenire (102)
preventivare (2)
prezzare (2)
prezzolare (2)
primeggiare (54)
principiare (93)
privare (2)
privilegiare (54)
problematizzare (2)
procacciare (15)
procedere (12)
procedure (23)
processare (2)
proclamare (2)
procrastinare (2)
procreare (2)
procurare (2)
prodigare (61)
produrre (19)
profanare (2)
proferire (11)

professare (2)
professionalizzare (2)
profetare (2)
profetizzare (2)
profferire (11)
profilare (2)
profittare (2)
profondere (44)
profumare (2)
progettare (2)
programmare (2)
progredire (11)
proibire (11)
proiettare (2)
proletarizzare (2)
proliferare (2)
prolificare (13)
proludere (18)
prolungare (61)
promettere (56)
promulgare (61)
promuovere (58)
pronosticare (13)
pronunciare (15)
pronunziare (93)
propagandare (2)
propagare (61)
propalare (2)
propendere (72)
propinare (2)
propiziare (93)
proporre (70)
proporzionare (2)
propugnare (2)
prorogare (61)
prorompere (80)
prosciogliere (84)
prosciugare (61)
proscrivere (85)

proseguire (63)
prosperare (2)
prospettare (2)
prosternare (2)
prostituire (11)
prostrare (2)
proteggere (53)
protendere (72)
protestare (2)
protocollare (2)
protrarre (97)
provare (2)
provenire (102)
provenzaleggiare (54)
provincializzare (2)
provocare (13)
provvedere (101)
prudere (18)
prueggiare (54)
psicanalizzare (2)
pubblicare (13)
pubblicizzare (2)
pugnalare (2)
pugnare (2)
pulire (11)
pullulare (2)
pulsare (2)
pungere (47)
pungolare (2)
punire (11)
puntare (2)
punteggiare (54)
puntellare (2)
puntualizzare (2)
punzecchiare (93)
punzonare (2)
purgare (61)
purificare (13)
putrefare (42)

puttaneggiare (54)
puzzacchiare (93)
puzzare (2)
quadrare (2)
quadrettare (2)
quadruplicare (13)
quagliare (93)
qualificare (13)
quantificare (13)
quantizzare (2)
querelare (2)
questionare (2)
questuare (2)
quietanzare (2)
quietare (2)
quintuplicare (13)
quotare (2)
quotizzare (2)
rabberciare (15)
rabboccare (13)
rabbonire (11)
rabbrividire (11)
rabbuffare (2)
rabbuiare (93)
rabescare (13)
raccapezzare (2)
raccapricciare (15)
raccare (13)
raccattare (2)
raccerchiare (93)
raccertare (2)
racchetare (2)
racchiudere (18)
raccogliere (84)
raccomandare (2)
raccomodare (2)
racconciare (15)
raccontare (2)
raccorciare (15)
raccordare (2)

raccostare (2)
raccozzare (2)
racimolare (2)
raddensare (2)
raddobbare (2)
raddolcire (11)
raddoppiare (93)
raddrizzare (2)
radere (50)
radiare (51)
radicaleggiare (54)
radicalizzare (2)
radicare (13)
radioassistere (49)
radiocomandare (2)
radiodiffondere (44)
radiografare (2)
radioguidare (2)
radiolocalizzare (2)
radiotrasmettere (56)
radunare (2)
raffagottare (2)
raffazzonare (2)
raffermare (2)
raffigurare (2)
raffilare (2)
raffinare (2)
rafforzare (2)
raffreddare (2)
raffrontare (2)
raggelare (2)
raggiare (54)
raggirare (2)
raggiungere (47)
raggiustare (2)
raggomitolare (2)
raggranchiare (93)
raggranellare (2)

raggrinzire (11)
raggrovigliare (93)
raggrumare (2)
raggruppare (2)
raggruzzolare (2)
ragguagliare (93)
ragionare (2)
ragliare (93)
rallargare (61)
rallegrare (2)
rallentare (2)
ramare (2)
ramazzare (2)
rameggiare (54)
ramificare (13)
ramingare (61)
rammagliare (93)
rammaricare (13)
rammemorare (2)
rammendare (2)
rammentare (2)
rammodernare (2)
rammollire (11)
rammorbidire (11)
rampare (2)
rampicare (13)
rampognare (2)
rampollare (2)
rancidire (11)
randeggiare (54)
randellare (2)
rannerire (11)
rannicchiare (93)
rannodare (2)
rannuvolare (2)
rantolare (2)
rapare (2)
rapinare (2)
rapire (11)
rappaciare (15)

rappacificare (13)
rappattumare (2)
rappezzare (2)
rapportare (2)
rapprendere (72)
rappresentare (2)
rarefare (42)
rasare (2)
raschiare (93)
rasciugare (61)
rasentare (2)
raspare (2)
rassegare (61)
rassegnare (2)
rasserenare (2)
rassettare (2)
rassicurare (2)
rassodare (2)
rassomigliare (93)
rassottigliare (93)
rastrellare (2)
rastremare (2)
rateare (2)
rateizzare (2)
ratificare (13)
ratizzare (2)
rattenere (95)
rattizzare (2)
rattoppare (2)
rattrappire (11)
rattristare (2)
rattristire (11)
ravvedersi (101)
ravviare (51)
ravvicinare (2)
ravviluppare (2)
ravvisare (2)
ravvivare (2)
ravvolgere (107)
ravvoltolare (2)

raziocinare (2)
razionalizzare (2)
razionare (2)
razzare (2)
razziare (93)
razzolare (2)
reagire (11)
realizzare (2)
recalcitrare (2)
recapitare (2)
recare (13)
recedere (23)
recensire (11)
recepire (11)
recidere (76)
recingere (43)
recintare (2)
reciprocare (13)
recitare (2)
reclamare (2)
reclamizzare (2)
reclinare (2)
recludere (18)
reclutare (2)
recriminare (2)
recuperare (2)
redarguire (11)
redigere (74)
redimere (75)
redistribuire (11)
referenziare (93)
refluire (11)
refrigerare (2)
regalare (2)
reggere (53)
regionalizzare (2)
registrare (2)
regnare (2)
regolamentare (2)
regolare (2)

regolarizzare (2)
regredire (11)
reificare (13)
reimbarcare (13)
reimpiegare (61)
reimpostare (2)
reincarnare (2)
reinfettare (2)
reinnestare (2)
reinsediare (93)
reinserire (11)
reintegrare (2)
reinventare (2)
reinvestire (63)
reiterare (2)
relativizzare (2)
relazionare (2)
relegare (61)
remare (2)
remeggiare (54)
remigare (61)
remunerare (2)
rendere (72)
repellere (39)
reperire (11)
replicare (13)
reprimere (40)
reputare (2)
requisire (11)
rescindere (83)
resecare (13)
residuare (2)
resinare (2)
resistere (49)
respingere (43)
respirare (2)
responsabilizzare (2)
restare (2)
restaurare (2)

restituire (11)
restringere (92)
resuscitare (2)
reticolare (2)
retinare (2)
retribuire (11)
retrocedere (17)
retrodatare (2)
retrogradare (2)
rettificare (13)
reumatizzare (2)
revisionare (2)
revocare (13)
riabbandonare (2)
riabbassare (2)
riabbattere (23)
riabbonare (2)
riabbottonare (2)
riabbracciare (15)
riabilitare (2)
riabitare (2)
riabituare (2)
riaccalcarsi (13)
riaccampare (2)
riaccasare (2)
riaccendere (72)
riaccennare (2)
riaccerchiare (93)
riaccertare (2)
riaccettare (2)
riacchiappare (2)
riacciuffare (2)
riaccomodare (2)
riaccompagnare (2)
riaccoppiare (93)
riaccorciare (15)
riaccordare (2)
riaccostare (2)
riaccreditare (2)
riaccusare (2)

riacquisire (11)
riacquistare (2)
riacuire (11)
riacutizzare (2)
riadagiare (54)
riadattare (2)
riaddentare (2)
riaddormentare (2)
riadoperare (2)
riaffacciare (15)
riaffermare (2)
riafferrare (2)
riaffiorare (2)
riaffondare (2)
riaffratellare (2)
riaffrettare (2)
riaffrontare (2)
riagganciare (15)
riaggiogare (61)
riaggiustare (2)
riaggravare (2)
riaggregare (61)
riagguantare (2)
riaiutare (2)
riallacciare (15)
riallargare (61)
riallattare (2)
riallogiare (54)
riallungare (61)
rialzare (2)
riamare (2)
riammalare (2)
riammettere (56)
riammobiliare (93)
riammogliare (93)
riandare (3)
rianimare (2)
riannaffiare (93)
riannettere (4)
riannodare (2)

riannuvolare (2)
riappacificare (13)
riappaltare (2)
riapparecchiare (93)
riapparire (5)
riappassionare (2)
riappendere (72)
riappiccicare (13)
riappisolarsi (2)
riapplaudire (11)(63)
riapplicare (13)
riappoggiare (54)
riappropriare (93)
riaprire (6)
riardere (7)
riarginare (2)
riarmare (2)
riasciugare (61)
riascoltare (2)
riassalire (81)
riassaporare (2)
riassegnare (2)
riassestare (2)
riassettare (2)
riassicurare (2)
riassociare (15)
riassoggettare (2)
riassoldare (2)
riassorbire (11)(63)
riassottigliare (93)
riassumere (73)
riattaccare (13)
riattare (2)
riattivare (2)
riattizzare (2)
riavere (8)
riavvampare (2)
riavvertire (63)

riavviare (51)
riavvicinare (2)
riavvisare (2)
riavvolgere (107)
riazzannare (2)
riazzuffarsi (2)
ribaciare (15)
ribadire (11)
ribaltare (2)
ribarattare (2)
ribassare (2)
ribattere (23)
ribattezzare (2)
ribellarsi (2)
ribeneficiare (15)
riboccare (13)
ribollire (63)
ribruciare (15)
ribucare (13)
ribuscare (13)
ribussare (2)
ributtare (2)
ricacciare (15)
ricadere (10)
ricalare (2)
ricalcare (13)
ricalcificare (13)
ricalcitrare (2)
ricalibrare (2)
ricalpestare (2)
ricamare (2)
ricambiare (93)
ricamminare (2)
ricanalizzare (2)
ricancellare (2)
ricandidare (2)
ricantare (2)
ricapitalizzare (2)
ricapitare (2)
ricapitolare (2)

ricaricare (13)
ricascare (13)
ricattare (2)
ricavalcare (13)
ricavare (2)
ricedere (23)
ricelebrare (2)
ricenare (2)
ricensurare (2)
ricentrare (2)
riceppare (2)
ricercare (13)
ricettare (2)
ricevere (23)
richiamare (2)
richiedere (14)
richinare (2)
richiudere (18)
riciclare (2)
ricircolare (2)
ricircondare (2)
riclassificare (13)
ricogliere (84)
ricollegare (61)
ricollocare (13)
ricolmare (2)
ricolorare (2)
ricolorire (11)
ricoltivare (2)
ricomandare (2)
ricombinare (2)
ricominciare (15)
ricommettere (56)
ricommuovere (58)
ricompaginare (2)
ricomparire (5)
ricompattare (2)
ricompensare (2)
ricompiere (16)
ricompilare (2)

ricomporre (70)
ricomprare (2)
ricomprendere (72)
ricomunicare (13)
riconcedere (17)
riconcentrare (2)
riconciare (15)
riconciliare (93)
ricondannare (2)
ricondensare (2)
ricondizionare (2)
ricondurre (19)
riconfermare (2)
riconfessare (2)
riconficcare (13)
riconfiscare (13)
riconfortare (2)
riconfrontare (2)
ricongedare (2)
ricongiungere (47)
riconnettere (4)
riconoscere (20)
riconquistare (2)
riconsacrare (2)
riconsegnare (2)
riconsiderare (2)
riconsigliare (93)
riconsolare (2)
riconsultare (2)
ricontare (2)
ricontattare (2)
ricontrarre (97)
riconvalidare (2)
riconvenire (102)
riconvertire (63)
riconvincere (104)
riconvocare (13)
ricopiare (93)
ricoprire (6)
ricordare (2)

ricoricare (13)
ricorreggere (53)
ricorrere (22)
ricostituire (11)
ricostruire (11)
ricoverare (2)
ricreare (2)
ricredere (23)
ricrescere (24)
ricucire (25)
ricuocere (26)
ricuperare (2)
ricurvare (2)
ricusare (2)
ridacchiare (93)
ridare (27)
ridefinire (11)
ridere (76)
ridestare (2)
ridettare (2)
ridicoleggiare (54)
ridicolizzare (2)
ridimensionare (2)
ridiminuire (11)
ridipingere (43)
ridire (28)
ridiscendere (72)
ridisciogliere (84)
ridiscorrere (22)
ridiscutere (30)
ridisegnare (2)
ridisporre (70)
ridistaccare (13)
ridistanziare (93)
ridistinguere (32)
ridistribuire (11)
ridivenire (102)
ridiventare (2)
ridividere (76)
ridomandare (2)

ridonare (2)
ridorare (2)
ridormire (63)
ridossare (2)
ridotare (2)
ridrizzare (2)
ridurre (19)
rieccitare (2)
riecheggiare (54)
riedificare (13)
rieducare (13)
rielaborare (2)
rileggere (53)
riemergere (36)
riemettere (56)
riemigrare (2)
riempiere (16)
riempire (37)
rientrare (2)
riepilogare (61)
riequilibrare (2)
riergere (36)
riesaminare (2)
riescludere (18)
rieseguire (63)
riesercitare (2)
riesiliare (93)
riesplodere (79)
riesporre (70)
riesportare (2)
riespugnare (2)
riessere (41)
riestrarre (97)
riesumare (2)
rievocare (13)
rifabbricare (13)
rifalciare (15)
rifare (42)
rifasare (2)
rifasciare (15)

rifecondare (2)
riferire (11)
rifermare (2)
rifermentare (2)
riferrare (2)
rifesteggiare (54)
rifiatare (2)
rificcare (13)
rifilare (2)
rifinanziare (93)
rifinire (11)
rifiorire (11)
rifischiare (93)
rifiutare (2)
riflettere (4)
rifluire (11)
rifocillare (2)
rifoderare (2)
rifolgorare (2)
rifondare (2)
rifondere (44)
riforare (2)
riformare (2)
rifornire (11)
rifrangere (67)
rifreddare (2)
rifrequentare (2)
rifriggere (45)
rifrugare (61)
rifrustare (2)
rifuggire (63)
rifugiare (54)
rifugiarsi (54)
rifulgere (107)
rifumare (2)
rigalleggiare (54)
rigare (61)
rigelare (2)
rigenerare (2)
rigettare (2)

righettare (2)
rigi(u)ocare (46)
rigirare (2)
rigiudicare (13)
rigiurare (2)
rigonfiare (93)
rigovernare (2)
rigraffiare (93)
rigridare (2)
riguadagnare (2)
riguardare (2)
riguastare (2)
riguidare (2)
rigurgitare (2)
rigustare (2)
rilanciare (15)
rilasciare (15)
rilassare (2)
rilastricare (13)
rilavare (2)
rilavorare (2)
rilegare (61)
rileggere (53)
rilevare (2)
rilucere (23)
riluttare (2)
rimacinare (2)
rimandare (2)
rimaneggiare (54)
rimanere (77)
rimangiare (54)
rimarcare (13)
rimare (2)
rimarginare (2)
rimasticare (13)
rimbacuccare (13)
rimbaldanzire (11)
rimballare (2)
rimbalzare (2)
rimbambire (11)

rimbarbarire (11)
rimbastire (11)
rimbeccare (13)
rimbecillire (11)
rimbellire (11)
rimbiancare (13)
rimbiondire (11)
rimboccare (13)
rimbombare (2)
rimborsare (2)
rimboscare (13)
rimboschire (11)
rimbrogliare (93)
rimbrottare (2)
rimbrunire (11)
rimbruttire (11)
rimbucare (13)
rimbussolare (2)
rimbustare (2)
rimediare (93)
rimeditare (2)
rimeggiare (54)
rimembrare (2)
rimenare (2)
rimeritare (2)
rimescolare (2)
rimestare (2)
rimettere (56)
rimirare (2)
rimischiare (93)
rimisurare (2)
rimminchionire
(11)
rimodellare (2)
rimodernare (2)
rimondare (2)
rimontare (2)
rimorchiare (93)
rimordere (7)
rimormorare (2)

rimostrare (2)
rimpacchettare (2)
rimpadronirsi (11)
rimpaginare (2)
rimpagliare (93)
rimpallare (2)
rimpanare (2)
rimpannucciare (15)
rimpantanarsi (2)
rimparare (2)
rimparentarsi (2)
rimpastare (2)
rimpasticciare (15)
rimpatriare (93)
rimpegnare (2)
rimpellicciare (15)
rimpettinare (2)
rimpettirsi (11)
rimpiallacciare (15)
rimpiangere (67)
rimpiattare (2)
rimpiazzare (2)
rimpicciolire (11)
rimpiccolire (11)
rimpiegare (61)
rimpinguare (2)
rimpinzare (2)
rimpiumare (2)
rimpolpare (2)
rimpoltronire (11)
rimpoverire (11)
rimpossessarsi (2)
rimprigionare (2)
rimprosciuttire (11)
rimproverare (2)
rimuginare (2)
rimunerare (2)
rimuovere (58)
rimurare (2)

rinarrare (2)
rinascere (59)
rinavigare (61)
rinc(u)orare (2)
rincagnarsi (2)
rincalcare (13)
rincalzare (2)
rincamminarsi (2)
rincanalare (2)
rincantucciare (15)
rincappare (2)
rincarare (2)
rincarcerare (2)
rincarnare (2)
rincartare (2)
rincasare (2)
rincentrare (2)
rinchinare (2)
rinchiodare (2)
rinchiudere (18)
rinciampare (2)
rincitrullire (11)
rinciuchire (11)
rincivilire (11)
rincoglionire (11)
rincollare (2)
rincolpare (2)
rincominciare (15)
rincontrare (2)
rincoraggiare (54)
rincorniciare (15)
rincoronare (2)
rincorporare (2)
rincorrere (22)
rincrescere (24)
rincrespare (2)
rincretinire (11)
rincrociare (15)
rincrudelire (11)
rincrudire (11)

rinculare (2)
rincupire (11)
rindebitare (2)
rindirizzare (2)
rindossare (2)
rindurire (11)
rinegoziare (93)
rinfacciare (15)
rinfagottare (2)
rinfangare (61)
rinfarinare (2)
rinfiammare (2)
rinfilare (2)
rinfittire (11)
rinfocolare (2)
rinfoderare (2)
rinforzare (2)
rinfrancare (13)
rinfrangere (67)
rinfrescare (13)
rinfronzolire (11)
ringaggiare (54)
ringagliardire (11)
ringalluzzire (11)
ringarbugliare (93)
ringhiare (93)
ringinocchiarsi (93)
ringiovanire (11)
ringoiare (93)
ringolfare (2)
ringranare (2)
ringraziare (93)
ringrossare (2)
ringuainare (2)
rinnalzare (2)
rinnamorare (2)
rinnegare (61)
rinnervarsi (2)
rinnestare (2)
rinnovare (2)

rinnovellare (2)
rinominare (2)
rinsaccare (13)
rinsaldare (2)
rinsanguare (2)
rinsanguinare (2)
rinsanire (11)
rinsaponare (2)
rinsaporire (11)
rinsavire (11)
rinsecchire (11)
rinsegnare (2)
rinselvatichire (11)
rinserrare (2)
rinsudiciare (15)
rintanare (2)
rintasare (2)
rintascare (13)
rintelaiare (93)
rintelare (2)
rinterrogare (61)
rinterzare (2)
rintoccare (13)
rintonacare (13)
rintonare (2)
rintontire (11)
rintoppare (2)
rintorbidare (2)
rintracciare (15)
rintrecciare (15)
rintristire (11)
rintrodurre (19)
rintronare (2)
rintuzzare (2)
rinumerare (2)
rinunciare (15)
rinunziare (93)
rinuotare (2)
rinvangare (61)
rinvasare (2)

rinvenire (102)
rinverdire (11)
rinverginare (2)
rinvestire (63)
rinviare (51)
rinvigorire (11)
rinvilire (11)
rinviluppare (2)
rinvischiare (93)
rinvitare (2)
rinvogliare (93)
rinvolgere (107)
rinvoltare (2)
rinzaffare (2)
rinzuppare (2)
riobbligare (61)
rioccupare (2)
rioffuscare (13)
rionorare (2)
rioperare (2)
riordinare (2)
riorganizzare (2)
riornare (2)
rioscurare (2)
riosservare (2)
riottenere (95)
ripacificare (13)
ripagare (61)
riparare (2)
ripareggiare (54)
riparlare (2)
ripartire (11)(63)
ripassare (2)
ripeccare (13)
ripeggiorare (2)
ripenetrare (2)
ripensare (2)
ripercorrere (22)
ripercuotere (86)
riperdere (64)

riperdonare (2)
ripesare (2)
ripescare (13)
ripestare (2)
ripetere (23)
ripettinare (2)
ripiagare (61)
ripianare (2)
ripiantare (2)
ripicchiare (93)
ripiegare (61)
ripigiare (54)
ripigliare (93)
ripiombare (2)
ripiovere (68)
ripopolare (2)
riporre (70)
riportare (2)
riposare (2)
ripotare (2)
ripotere (71)
ripranzare (2)
riprecettare (2)
riprecipitare (2)
ripredicare (13)
ripremiare (93)
riprendere (72)
ripresentare (2)
ripristinare (2)
riprivatizzare (2)
riprodurre (19)
ripromettere (56)
riproporre (70)
riprovare (2)
ripubblicare (13)
ripudiare (93)
ripugnare (2)
ripulire (11)
ripungere (47)
riquadrare (2)

riqualificare (13)
ris(u)olare (2)
ris(u)onare (2)
risalire (81)
risaltare (2)
risalutare (2)
risanare (2)
risanguinare (2)
risapere (82)
risarcire (11)
riscaldare (2)
riscattare (2)
riscegliere (84)
riscendere (72)
rischiarare (2)
rischiare (93)
rischiarire (11)
risciacquare (2)
risciogliere (84)
riscommettere (56)
riscontrare (2)
riscoprire (6)
riscorrere (22)
riscrivere (85)
riscuotere (86)
risecare (13)
riseccare (13)
risecchire (11)
risedere (87)
risegare (61)
riseminare (2)
risentire (63)
riserbare (2)
riservare (2)
risicare (13)
risiedere (23)
risognare (2)
risollevare (2)
risolvere (31)
risorgere (69)

risospingere (43)
risostenere (95)
risparmiare (93)
rispecchiare (93)
rispedire (11)
rispettare (2)
rispiegare (61)
risplendere (23)
rispondere (78)
risposare (2)
rispuntare (2)
risquillare (2)
ristabilire (11)
ristagnare (2)
ristampare (2)
ristorare (2)
ristornare (2)
ristringere (92)
ristrutturare (2)
ristuccare (13)
ristudiare (93)
risucchiare (93)
risultare (2)
risuscitare (2)
risvegliare (93)
risvoltare (2)
ritagliare (93)
ritardare (2)
ritemprare (2)
ritenere (95)
ritentare (2)
ritingere (43)
ritirare (2)
ritmare (2)
ritoccare (13)
ritogliere (84)
ritorcere (96)
ritornare (2)
ritrarre (97)
ritrasmettere (56)

ritrattare (2)
ritrovare (2)
ritualizzare (2)
riudire (98)
riunificare (13)
riunire (11)
riuscire (99)
riutilizzare (2)
rivaleggiare (54)
rivalersi (100)
rivalicare (13)
rivalutare (2)
rivangare (61)
rivedere (101)
rivelare (2)
rivendere (23)
rivendicare (13)
rivenire (102)
riverberare (2)
riverire (11)
riverniciare (15)
riversare (2)
rivestire (63)
rivettare (2)
rivincere (104)
rivisitare (2)
rivivere (105)
rivolere (106)
rivolgere (107)
rivoltare (2)
rivoltolare (2)
rivoluzionare (2)
rivotare (2)
rizzare (2)
robotizzare (2)
rodare (2)
rodere (79)
rodiare (93)
rogare (61)
rogitare (2)

rollare (2)
romanizzare (2)
romanzare (2)
rombare (2)
rompere (80)
ronfare (2)
ronzare (2)
rosicare (13)
rosicchiare (93)
rosolare (2)
rosseggiare (54)
roteare (2)
rotolare (2)
rottamare (2)
rovesciare (15)
rovinare (2)
rovistare (2)
rubacchiare (93)
rubare (2)
rubricare (13)
ruffianare (2)
rugghiare (93)
ruggire (11)
rugliare (93)
rullare (2)
ruminare (2)
rumoreggiare (54)
ruotare (2)
ruspare (2)
russare (2)
rutilare (2)
ruttare (2)
ruzzare (2)
ruzzolare (2)
sabbiare (93)
sabotare (2)
saccheggiare (54)
sacralizzare (2)
sacramentare (2)
sacrificare (13)

saettare (2)
saggiare (54)
sagomare (2)
salamoiare (2)
salare (2)
salariare (93)
salassare (2)
saldare (2)
salificare (13)
salire (81)
salivare (2)
salmeggiare (54)
salmistrare (2)
salmodiare (93)
salmonare (2)
salpare (2)
saltabeccare (13)
saltare (2)
saltellare (2)
salterellare (2)
salutare (2)
salvaguardare (2)
salvare (2)
sanare (2)
sancire (11)
sanforizzare (2)
sanguinare (2)
sanificare (13)
santificare (13)
sanzionare (2)
sapere (82)
saponificare (13)
saporire (11)
sarchiare (93)
sartiare (93)
sataneggiare (54)
satellizzare (2)
satinare (2)
satireggiare (54)
satollare (2)

saturare (2)
saziare (93)
sbaciucchiare (93)
sbadigliare (93)
sbafare (2)
sbagliare (93)
sbalestrare (2)
sballare (2)
sballottare (2)
sbalordire (11)
sbalzare (2)
sbancare (13)
sbandare (2)
sbandierare (2)
sbandire (11)
sbaraccare (13)
sbaragliare (93)
sbarazzare (2)
sbarbare (2)
sbarcare (13)
sbarrare (2)
sbassare (2)
sbastire (11)
sbatacchiare (93)
sbattere (23)
sbattezzare (2)
sbavare (2)
sbeccare (13)
sbeffeggiare (54)
sbellicare (13)
sbendare (2)
sbertucciare (15)
sbevacchiare (93)
sbevazzare (2)
sbevucchiare (93)
sbiadire (11)
sbiancare (13)
sbianchire (11)
sbicchierare (2)
sbiellare (2)

sbiettare (2)
sbigottire (11)
sbilanciare (15)
sbilencare (13)
sbirciare (15)
sbizzarrire (11)
sbloccare (13)
sboccare (13)
sbocciare (15)
sbocconcellare (2)
sbollare (2)
sbollire (11)
sbolognare (2)
sborniare (93)
sborsare (2)
sbottare (2)
sbottonare (2)
sbozzare (2)
sbozzolare (2)
sbracare (13)
sbracciarsi (15)
sbraciare (15)
sbraitare (2)
sbramare (2)
sbranare (2)
sbrancare (13)
sbreccare (13)
sbrecciare (15)
sbriciolare (2)
sbrigare (61)
sbrigliare (93)
sbrinare (2)
sbrindellare (2)
sbrodare (2)
sbrodolare (2)
sbrogliare (93)
sbronzarsi (2)
sbrucare (13)
sbruffare (2)
sbucare (13)

sbucciare (15)
sbudellare (2)
sbuffare (2)
sbugiardare (2)
sbullettare (2)
sbullonare (2)
scacchiare (93)
scacciare (15)
scadere (10)
scaffalare (2)
scagionare (2)
scagliare (93)
scaglionare (2)
scalare (2)
scalcagnare (2)
scalcare (13)
scalciare (15)
scalcinare (2)
scaldare (2)
scalettare (2)
scalfire (11)
scalinare (2)
scalmanarsi (2)
scalpare (2)
scalpellare (2)
scalpicciare (15)
scalpitare (2)
scaltrire (11)
scalzare (2)
scambiare (93)
scamiciare (15)
scamosciare (15)
scamozzare (2)
scampanare (2)
scampanellare (2)
scampare (2)
scanalare (2)
scancellare (2)
scandagliare (93)
scandalizzare (2)

scandire (11)
scannare (2)
scannellare (2)
scansare (2)
scantonare (2)
scapezzare (2)
scapicollarsi (2)
scapigliare (93)
scapitare (2)
scapitozzare (2)
scapocchiare (93)
scapolare (2)
scappare (2)
scappellare (2)
scappellottare (2)
scappucciare (15)
scapricciare (15)
scapsulare (2)
scarabocchiare (93)
scaracchiare (93)
scaraventare (2)
scarcerare (2)
scardinare (2)
scaricare (13)
scarificare (13)
scarmigliare (93)
scarnificare (13)
scarnire (11)
scarrocciare (15)
scarrozzare (2)
scarrucolare (2)
scarseggiare (54)
scartabellare (2)
scartare (2)
scartocciare (15)
scassare (2)
scassinare (2)
scatarrare (2)
scatenacciare (15)
scatenare (2)

scattare (2)
scaturire (11)
scavalcare (13)
scavare (2)
scavezzare (2)
scazzottare (2)
scegliere (84)
scemare (2)
scempiare (93)
scendere (72)
sceneggiare (54)
scentrare (2)
scernere (23)
scervellarsi (2)
sceverare (2)
schedare (2)
scheggiare (54)
scheletrire (11)
schematizzare (2)
schermare (2)
schermire (11)
schermografare (2)
schernire (11)
scherzare (2)
schettinare (2)
schiacciare (15)
schiaffare (2)
schiaffeggiare (54)
schiamazzare (2)
schiantare (2)
schiarire (11)
schiattare (2)
schiavacciare (15)
schiavizzare (2)
schierare (2)
schifare (2)
schioccare (13)
schioccolare (2)
schiodare (2)
schitarrare (2)

schiudere (18)
schiumare (2)
schivare (2)
schizzare (2)
schizzettare (2)
sciabolare (2)
sciabordare (2)
sciacquare (2)
scialacquare (2)
scialare (2)
sciamare (2)
sciancare (13)
sciare (51)
scimmiottare (2)
scindere (83)
scintillare (2)
scioccare (13)
sciogliere (84)
sciolinare (2)
scioperare (2)
sciorinare (2)
scippare (2)
sciroppare (2)
sciupare (2)
scivolare (2)
sclerotizzare (2)
scoccare (13)
scocciare (15)
scodare (2)
scodellare (2)
scodinzolare (2)
scoiare (93)
scolare (2)
scolarizzare (2)
scollacciare (15)
scollare (2)
scolorare (2)
scolorire (11)
scolpare (2)
scolpire (11)

scombaciare (15)
scombiccherare (2)
scombinare (2)
scombuiare (93)
scombussolare (2)
scommettere (56)
scomodare (2)
scompaginare (2)
scompagnare (2)
scomparire (5)(11)
scompartire
(11)(63)
scompensare (2)
scompigliare (93)
scompisciare (15)
scomporre (70)
scomputare (2)
scomunicare (13)
sconcertare (2)
sconciare (15)
sconfessare (2)
sconficcare (13)
sconfiggere (45)
sconfinare (2)
sconfortare (2)
scongelare (2)
scongiungere (47)
scongiurare (2)
sconnettere (4)
sconoscere (20)
sconquassare (2)
sconsacrare (2)
sconsigliare (93)
sconsolare (2)
scontare (2)
scontentare (2)
scontrarsi (2)
sconvenire (102)
sconvolgere (107)
scopare (2)

scoperchiare (93)
scopiazzare (2)
scoppiare (93)
scoppiettare (2)
scoprire (6)
scoraggiare (54)
scorare (2)(46)
scorciare (15)
scordare (2)
scoreggiare (54)
scorgere (69)
scornare (2)
scorniciare (15)
scoronare (2)
scorporare (2)
scorrazzare (2)
scorrere (22)
scortare (2)
scortecciare (15)
scorticare (13)
scorzare (2)
scoscendere (72)
scosciare (15)
scostare (2)
scotennare (2)
scottare (2)
scovare (2)
screditare (2)
scremare (2)
screpolare (2)
screziare (93)
scribacchiare (93)
scricchiolare (2)
scritturare (2)
scrivere (85)
scroccare (13)
scrocchiare (93)
scrollare (2)
scrosciare (15)
scrostare (2)

scrutare (2)
scrutinare (2)
scucchiaiare (93)
scucire (25)
scudisciare (15)
scuffiare (93)
sculacciare (15)
sculettare (2)
scuocere (26)
scuoiare (93)
scuotere (86)
scurire (11)
scusare (2)
sdamare (2)
sdaziare (93)
sdebitare (2)
sdegnare (2)
sdentare (2)
sdigiunarsi (2)
sdilinquire (11)
sdipanare (2)
sdiricciare (15)
sdoganare (2)
sdogare (61)
sdoppiare (93)
sdottoreggiare (54)
sdraiare (93)
sdrammatizzare (2)
sdrucciolare (2)
sdrucire (11)
seccare (13)
secernere (23)
secolarizzare (2)
secondare (2)
sedare (2)
sedere (87)
sedimentare (2)
sedurre (19)
segare (61)
seghettare (2)

segmentare (2)
segnalare (2)
segnare (2)
segregare (61)
seguire (63)
seguitare (2)
selciare (15)
selezionare (2)
sellare (2)
semaforizzare (2)
sembrare (2)
seminare (2)
semplificare (13)
sensibilizzare (2)
sensualizzare (2)
sentenziare (93)
sentire (63)
separare (2)
seppellire (11)
sequestrare (2)
serbare (2)
serializzare (2)
seriare (93)
sermoneggiare (54)
serpeggiare (54)
serrare (2)
servire (63)
setacciare (15)
settuplicare (13)
seviziare (93)
sezionare (2)
sfaccendare (2)
sfaccettare (2)
sfacchinare (2)
sfagiolare (2)
sfagliare (93)
sfaldare (2)
sfalsare (2)
sfamare (2)
sfangare (61)

sfare (42)
sfarfallare (2)
sfarinare (2)
sfasare (2)
sfasciare (15)
sfascicolare (2)
sfatare (2)
sfavillare (2)
sfavorire (11)
sfebbrare (2)
sfegatarsi (2)
sferragliare (93)
sferrare (2)
sferruzzare (2)
sferzare (2)
sfiaccolare (2)
sfiammare (2)
sfiancare (13)
sfiatare (2)
sfibbiare (93)
sfibrare (2)
sfidare (2)
sfiduciare (15)
sfigurare (2)
sfilacciare (15)
sfilare (2)
sfilzare (2)
sfinire (11)
sfioccare (13)
sfiorare (2)
sfiorire (11)
sfittare (2)
sfittire (11)
sfocare (46)
sfociare (15)
sfoderare (2)
sfogare (61)
sfoggiare (54)
sfogliare (93)
sfolgorare (2)

sfollare (2)
sfoltire (11)
sfondare (2)
sforacchiare (93)
sforare (2)
sforbiciare (15)
sformare (2)
sfornare (2)
sfornire (11)
sforzare (2)
sfottere (23)
sfracassare (2)
sfracellare (2)
sfrangiare (54)
sfrascare (13)
sfratarsi (2)
sfrattare (2)
sfrecciare (15)
sfregare (61)
sfregiare (54)
sfrenare (2)
sfriggere (45)
sfrigolare (2)
sfrisare (2)
sfrondare (2)
sfruttare (2)
sfuggire (63)
sfumare (2)
sfuocare (13)
sfuriare (93)
sgambare (2)
sgambettare (2)
sganasciare (15)
sganciare (15)
sgangherare (2)
sgarbugliare (93)
sgarrare (2)
sgattaiolare (2)
sgelare (2)
sghiacciare (15)

sghignazzare (2)
sgobbare (2)
sgolarsi (2)
sgomberare (2)
sgombrare (2)
sgomentare (2)
sgominare (2)
sgomitare (2)
sgomitolare (2)
sgommare (2)
sgonfiare (93)
sgorbiare (93)
sgorgare (61)
sgozzare (2)
sgradire (11)
sgraffignare (2)
sgrammaticare (13)
sgranare (2)
sgranchire (11)
sgranocchiare (93)
sgrassare (2)
sgravare (2)
sgretolare (2)
sgridare (2)
sgrommare (2)
sgrondare (2)
sgroppare (2)
sgrossare (2)
sgrovigliare (93)
sguainare (2)
sgualcire (11)
sguarnire (11)
sguazzare (2)
sguinzagliare (93)
sguisciare (15)
sgusciare (15)
shoccare (13)
sibilare (2)
sigillare (2)
siglare (2)

significare (13)
signoreggiare (54)
silenziare (93)
sillabare (2)
sillogizzare (2)
silurare (2)
simboleggiare (54)
simbolizzare (2)
simpatizzare (2)
simulare (2)
sincerare (2)
sincopare (2)
sincronizzare (2)
sindacalizzare (2)
sindacare (13)
singhiozzare (2)
sintetizzare (2)
sintonizzare (2)
siringare (61)
sistemare (2)
situare (2)
slabbrare (2)
slacciare (15)
slamare (2)
slanciare (15)
slargare (61)
slattare (2)
slegare (61)
slentare (2)
slittare (2)
slogare (61)
sloggiare (54)
slombare (2)
smacchiare (93)
smagliare (93)
smagnetizzare (2)
smagrire (11)
smaliziare (93)
smaltare (2)
smaltire (11)

smanettare (2)
smaniare (93)
smantellare (2)
smarcare (13)
smarginare (2)
smarrire (11)
smarronare (2)
smascherare (2)
smaterializzare (2)
smattonare (2)
smembrare (2)
smentire (11)
smerciare (15)
smerigliare (93)
smerlare (2)
smerlettare (2)
smettere (56)
smezzare (2)
smidollare (2)
smielare (2)
smilitarizzare (2)
sminuire (11)
sminuzzare (2)
smistare (2)
smitizzare (2)
smobilitare (2)
smoccolare (2)
smollicare (13)
smonacare (13)
smontare (2)
smorzare (2)
smottare (2)
smozzare (2)
smozzicare (13)
smungere (47)
smuovere (58)
smurare (2)
smussare (2)
snaturare (2)
snazionalizzare (2)

snebbiare (93)
snellire (11)
snervare (2)
snidare (2)
sniffare (2)
snobbare (2)
snocciolare (2)
snodare (2)
sobbalzare (2)
sobbarcare (13)
sobbollire (63)
sobillare (2)
socchiudere (18)
soccombere (23)
soccorrere (22)
socializzare (2)
soddisfare (42)
soffermare (2)
soffiare (93)
soffittare (2)
soffocare (13)
soffondere (44)
soffriggere (45)
soffrire (6)
sofisticare (13)
soggettivare (2)
sogghignare (2)
soggiacere (66)
soggiogare (61)
soggiornare (2)
soggiungere (47)
sogguardare (2)
sognare (2)
solarizzare (2)
solcare (13)
soleggiare (54)
solennizzare (2)
solere (88)
solettare (2)
solfare (2)

solfeggiare (54)
solforare (2)
solidarizzare (2)
solidificare (13)
sollazzare (2)
sollecitare (2)
solleticare (13)
sollevare (2)
solubilizzare (2)
somatizzare (2)
someggiare (54)
somigliare (93)
sommare (2)
sommergere (36)
sommettere (56)
somministrare (2)
sommuovere (58)
sonare (2)
sondare (2)
sonnecchiare (93)
sonorizzare (2)
sopire (11)
sopperire (11)
soppesare (2)
soppiantare (2)
sopportare (2)
sopprimere (40)
soprabbondare (2)
sopraedificare (13)
sopraelevare (2)
sopraffare (42)
sopraggiungere (47)
sopraintendere (72)
soprammettere (56)
soprannominare (2)
soprapporre (70)
soprassedere (87)
sopravanzare (2)
sopravvalutare (2)

sopravvenire (102)
sopravvivere (105)
sopreccedere (23)
sopredificare (13)
soprelevare (2)
soprintendere (72)
sorbire (11)
sorgere (69)
sormontare (2)
sorpassare (2)
sorprendere (72)
sorreggere (53)
sorridere (76)
sorseggiare (54)
sorteggiare (54)
sortire (11)
sorvegliare (93)
sorvolare (2)
sospendere (72)
sospettare (2)
sospingere (43)
sospirare (2)
sostantivare (2)
sostanziare (93)
sostare (2)
sostenere (95)
sostentare (2)
sostituire (11)
sottacere (66)
sottendere (72)
sotterrare (2)
sottilizzare (2)
sottintendere (72)
sottolineare (2)
sottomettere (56)
sottopagare (61)
sottoporre (70)
sottoscrivere (85)
sottostare (91)
sottovalutare (2)

sottrarre (97)
soverchiare (93)
sovietizzare (2)
sovrabbondare (2)
sovraccaricare (13)
sovraesporre (70)
sovraffaticare (13)
sovraimporre (70)
sovrainnestare (2)
sovrappopolare (2)
sovrapporre (70)
sovrastampare (2)
sovrastare (2)
sovrastimare (2)
sovreccitare (2)
sovresporre (70)
sovrimporre (70)
sovrintendere (72)
sovvenire (102)
sovvenzionare (2)
sovvertire (63)
spaccare (13)
spacchettare (2)
spacciare (15)
spadroneggiare (54)
spaginare (2)
spagliare (93)
spagnoleggiare (54)
spaiare (93)
spalancare (13)
spalare (2)
spallare (2)
spalleggiare (54)
spalmare (2)
spampanare (2)
spanare (2)
spanciare (15)
spandere (38)

spannare (2)
spannocchiare (93)
spappagallare (2)
spappolare (2)
sparare (2)
sparecchiare (93)
spargere (89)
sparigliare (93)
sparire (11)
sparlare (2)
sparpagliare (93)
spartire (11)
spasimare (2)
spassare (2)
spastoiare (93)
spaurire (11)
spaventare (2)
spaziare (93)
spazieggiare (54)
spazientire (11)
spazzare (2)
spazzolare (2)
specchiare (93)
specializzare (2)
specificare (13)
specillare (2)
speculare (2)
spedire (11)
spegnare (2)
spegnere (90)
spelacchiare (93)
spelare (2)
spellare (2)
spendere (72)
spengere (90)
spennacchiare (93)
spennare (2)
spennellare (2)
spenzolare (2)
sperare (2)

sperdere (64)
spergiurare (2)
sperimentare (2)
speronare (2)
sperperare (2)
spersonalizzare (2)
sperticare (13)
spesare (2)
spettare (2)
spettegolare (2)
spettinare (2)
spezzare (2)
spezzettare (2)
spiaccicare (13)
spiacere (66)
spianare (2)
spiantare (2)
spiare (51)
spiattellare (2)
spiazzare (2)
spiccare (13)
spiccare (2)
spicciare (15)
spiccicare (13)
spidocchiare (93)
spiegare (61)
spiegazzare (2)
spiemontizzare (2)
spietrare (2)
spifferare (2)
spigare (61)
spignorare (2)
spigolare (2)
spigrire (11)
spillare (2)
spilluzzicare (13)
spiluccare (13)
spinare (2)
spinellare (2)
spingere (43)

spintonare (2)
spiombare (2)
spiovere (68)
spirare (2)
spiritare (2)
spiritualizzare (2)
spiumare (2)
spizzicare (13)
splendere (23)
spodestare (2)
spoetizzare (2)
spogliare (93)
spoliticizzare (2)
spollonare (2)
spolmonarsi (2)
spolpare (2)
spoltronire (11)
spolverare (2)
spolverizzare (2)
spompare (2)
sponsorizzare (2)
spopolare (2)
sporcare (13)
sporgere (69)
sposare (2)
spossare (2)
spossessare (2)
spostare (2)
sprangare (61)
sprecare (13)
spregiare (54)
spremere (23)
spretarsi (2)
sprezzare (2)
sprigionare (2)
sprimacciare (15)
sprintare (2)
sprizzare (2)
sprofondare (2)
sproloquiare (93)

spronare (2)
sproporzionare (2)
spropositare (2)
spropriare (93)
sprovincializzare (2)
sprovvedere (101)
spruzzare (2)
spulciare (15)
spumare (2)
spumeggiare (54)
spuntare (2)
spuntellare (2)
spunzecchiare (93)
spupazzare (2)
spurgare (61)
sputacchiare (93)
sputare (2)
sputtanare (2)
squadernare (2)
squadrare (2)
squagliare (93)
squalificare (13)
squamare (2)
squarciare (15)
squartare (2)
squassare (2)
squattrinare (2)
squilibrare (2)
squillare (2)
squinternare (2)
squittire (11)
sradicare (13)
sragionare (2)
srotolare (2)
stabbiare (93)
stabilire (11)
stabilizzare (2)
stabulare (2)
staccare (13)

stacciare (15)
staffare (2)
staffilare (2)
stagionare (2)
stagliare (93)
stagnare (2)
stalinizzare (2)
stamburare (2)
stampare (2)
stampigliare (93)
stampinare (2)
stanare (2)
stancare (13)
standardizzare (2)
stangare (61)
stanziare (93)
stappare (2)
starare (2)
stare (91)
starnazzare (2)
starnutare (2)
starnutire (11)
stasare (2)
statalizzare (2)
statizzare (2)
statuire (11)
stazionare (2)
stazzare (2)
stazzonare (2)
steccare (13)
stecchire (11)
stellare (2)
stemperare (2)
stempiare (93)
stendere (72)
stenografare (2)
stentare (2)
stereotipare (2)
sterilizzare (2)
sterminare (2)

sterrare (2)
sterzare (2)
stiepidire (11)
stigmatizzare (2)
stilare (2)
stilizzare (2)
stillare (2)
stimare (2)
stimolare (2)
stingere (43)
stipare (2)
stipendiare (93)
stipulare (2)
stiracchiare (93)
stirare (2)
stirizzire (11)
stivare (2)
stizzire (11)
stoccare (13)
stomacare (13)
stonacare (13)
stonare (2)
stondare (2)
stoppare (2)
storcere (96)
stordire (11)
storicizzare (2)
stormire (11)
stornare (2)
stornellare (2)
storpiare (93)
strabiliare (93)
straboccare (13)
strabuzzare (2)
straccare (13)
stracciare (15)
stracuocere (26)
strafare (42)
strafottere (23)
stralciare (15)

stralunare (2)
stramaledire (28)
stramazzare (2)
strambare (2)
stramortire (11)
strangolare (2)
straniare (93)
straorzare (2)
strapagare (61)
straparlare (2)
strapazzare (2)
strapiombare (2)
strappare (2)
straripare (2)
strascicare (13)
strascinare (2)
stratificare (13)
strattonare (2)
stravaccare (13)
stravedere (101)
stravincere (104)
straviziare (93)
stravolgere (107)
straziare (93)
strecciare (15)
stregare (61)
stremare (2)
strepitare (2)
stressare (2)
striare (51)
stridere (23)
stridulare (2)
strigliare (93)
strillare (2)
striminzire (11)
strimpellare (2)
strinare (2)
stringare (61)
stringere (92)
strippare (2)

strisciare (15)
stritolare (2)
strizzare (2)
strofinare (2)
strologare (61)
strombazzare (2)
strombettare (2)
stroncare (13)
stropicciare (15)
stroppiare (93)
strozzare (2)
struccare (13)
struggere (33)
strumentalizzare (2)
strumentare (2)
strusciare (15)
strutturare (2)
stuccare (13)
studiacchiare (93)
studiare (93)
stufare (2)
stupefare (42)
stupidire (11)
stupire (11)
stuprare (2)
sturare (2)
stuzzicare (13)
suadere (65)
subaffittare (2)
subappaltare (2)
subbiare (93)
subdelegare (61)
subentrare (2)
subire (11)
subissare (2)
sublimare (2)
sublocare (13)
subodorare (2)
subordinare (2)

subornare (2)
succedere (17)
succhiare (93)
succhiellare (2)
succidere (76)
succingere (43)
sudacchiare (93)
sudare (2)
suddistinguere (32)
suddividere (76)
suffragare (61)
suffumicare (13)
suggellare (2)
suggere (33)
suggerire (11)
suggestionare (2)
suicidarsi (2)
sunteggiare (54)
suonare (2)
superare (2)
supervalutare (2)
supplicare (13)
supplire (11)
supporre (70)
suppurare (2)
surclassare (2)
surgelare (2)
surriscaldare (2)
surrogare (61)
survoltare (2)
suscitare (2)
susseguire (63)
sussidiare (93)
sussistere (49)
sussultare (2)
sussurrare (2)
svagare (61)
svaligiare (54)
svalutare (2)
svampare (2)

svanire (11)
svantaggiare (54)
svaporare (2)
svariare (93)
svasare (2)
svecchiare (93)
svegliare (93)
svelare (2)
svelenire (11)
svellere (94)
sveltire (11)
svenare (2)
svendere (23)
svenire (102)
sventagliare (93)
sventare (2)
sventolare (2)
sventrare (2)
sverginare (2)
svergognare (2)
svergolare (2)
svernare (2)
sverniciare (15)
sverzare (2)
svescicare (13)
svestire (63)
svettare (2)
svezzare (2)
sviare (51)
svicolare (2)
svignare (2)
svigorire (11)
svilire (11)
svillaneggiare (54)
sviluppare (2)
svinare (2)
svincolare (2)
sviolinare (2)
svirilizzare (2)
svisare (2)

sviscerare (2)
svitare (2)
svolazzare (2)
svolgere (107)
svoltare (2)
svoltolare (2)
svuotare (2)
t(u)onare (2)
tabaccare (13)
tacchettare (2)
tacciare (15)
tacere (66)
tacitare (2)
tagliare (93)
taglieggiare (54)
tagliuzzare (2)
tallire (11)
tamburare (2)
tambureggiare (54)
tamburellare (2)
tamponare (2)
tangere (23)
tannare (2)
tappare (2)
tappezzare (2)
tarare (2)
tardare (2)
targare (61)
tariffare (2)
tarlare (2)
tarmare (2)
taroccare (13)
tarpare (2)
tartagliare (93)
tartassare (2)
tartufare (2)
tassare (2)
tassellare (2)
tastare (2)
tasteggiare (54)

tatuare (2)
tecchettare (2)
tecnicizzare (2)
tecnologizzare (2)
tedescheggiare (54)
tediare (93)
telare (2)
telecomandare (2)
telecomunicare
(13)
telecontrollare (2)
telefonare (2)
telegrafare (2)
teleguidare (2)
telemetrare (2)
teletrasmettere (56)
temere (23)
temperare (2)
tempestare (2)
temporeggiare (54)
temprare (2)
tendere (72)
tenere (95)
tenoreggiare (54)
tentare (2)
tentennare (2)
teologizzare (2)
teorizzare (2)
tergere (36)
tergiversare (2)
terminare (2)
termosaldare (2)
terrazzare (2)
terrificare (13)
terrificare (2)
terrorizzare (2)
terzinare (2)
tesare (2)
tesaurizzare (2)
tesoreggiare (54)

tesorizzare (2)
tesserare (2)
tessere (23)
testare (2)
testificare (13)
testificare (2)
testimoniare (93)
testurizzare (2)
tifare (2)
timbrare (2)
tingere (43)
tinnire (11)
tinteggiare (54)
tintinnare (2)
tipizzare (2)
tiranneggiare (54)
tirare (2)
titillare (2)
titolare (2)
titoleggiare (54)
titubare (2)
toccare (13)
togliere (84)
tollerare (2)
tombolare (2)
tondeggiare (54)
tonificare (13)
tonneggiare (54)
tonsurare (2)
toppare (2)
torcere (96)
torchiare (93)
toreare (2)
tormentare (2)
tornare (2)
torneare (2)
tornire (11)
torrefare (42)
torreggiare (54)
tortoreggiare (54)

torturare (2)
tosare (2)
toscaneggiare (54)
toscanizzare (2)
tossicchiare (93)
tossire (11)
tostare (2)
totalizzare (2)
traballare (2)
trabalzare (2)
traboccare (13)
tracannare (2)
traccheggiare (54)
tracciare (15)
tracimare (2)
tracollare (2)
tradire (11)
tradurre (19)
trafficare (13)
trafiggere (45)
trafilare (2)
traforare (2)
trafugare (61)
traghettare (2)
tragittare (2)
trainare (2)
tralasciare (15)
tralignare (2)
tralucere (23)
tramandare (2)
tramare (2)
tramestare (2)
tramezzare (2)
tramontare (2)
tramortire (11)
tramutare (2)
tranciare (15)
trangugiare (54)
tranquillizzare (2)
transennare (2)

transigere (74)
transitare (2)
transumare (2)
transustanziare (93)
trapanare (2)
trapassare (2)
trapelare (2)
trapiantare (2)
trapungere (47)
trapuntare (2)
trarre (97)
trasalire (11)
trasandare (2)
trasbordare (2)
trascegliere (84)
trascendere (72)
trascinare (2)
trascorrere (22)
trascrivere (85)
trascurare (2)
trasdurre (19)
trasecolare (2)
trasferire (11)
trasfigurare (2)
trasfondere (44)
trasformare (2)
trasgredire (11)
traslocare (13)
trasmettere (56)
trasmigrare (2)
trasmodare (2)
trasmutare (2)
trasognare (2)
trasparire (5)
traspirare (2)
trasporre (70)
trasportare (2)
trastullare (2)
trasudare (2)
trasumanare (2)

trasvolare (2)
trattare (2)
tratteggiare (54)
trattenere (95)
traumatizzare (2)
travagliare (93)
travalicare (13)
travasare (2)
travedere (101)
traversare (2)
travestire (63)
traviare (93)
travisare (2)
travolgere (107)
trebbiare (93)
tremare (2)
tremolare (2)
trepidare (2)
trescare (13)
tribolare (2)
tributare (2)
trillare (2)
trimestralizzare (2)
trincare (13)
trincerare (2)
trinciare (15)
trionfare (2)
tripartire (11)
triplicare (13)
tripudiare (93)
tritare (2)
triturare (2)
trivellare (2)
trombare (2)
troncare (13)
troneggiare (54)
tronfiare (93)
tropicalizzare (2)
trottare (2)
trotterellare (2)

trottolare (2)
trovare (2)
truccare (13)
trucidare (2)
truffare (2)
tubare (2)
tuffare (2)
tumefare (42)
tumulare (2)
tumultuare (2)
turare (2)
turbare (2)
turbinare (2)
turlupinare (2)
tutelare (2)
ubbidire (11)
ubicare (13)
ubriacare (13)
uccellare (2)
uccidere (76)
udire (98)
ufficializzare (2)
ufficiare (15)
uggiolare (2)
uguagliare (93)
ulcerare (2)
ultimare (2)
ululare (2)
umanizzare (2)
umettare (2)
umidificare (13)
umiliare (93)
uncinare (2)
ungere (47)
unificare (13)
uniformare (2)
unire (11)
universalizzare (2)
urbanizzare (2)
urgere (69)

urinare (2)
urlare (2)
urtare (2)
usare (2)
uscire (99)
usufruire (11)
usurpare (2)
utilizzare (2)
vacare (13)
vaccinare (2)
vacillare (2)
vagabondare (2)
vagare (61)
vagheggiare (54)
vagire (11)
vagliare (93)
vagolare (2)
valere (100)
valicare (13)
valorizzare (2)
valutare (2)
vampeggiare (54)
vanagloriarsi (93)
vaneggiare (54)
vangare (61)
vanghettare (2)
vanificare (13)
vantare (2)
vaporizzare (2)
varare (2)
varcare (13)
variare (51)
vasectomizzare (2)
vaticinare (2)
vedere (101)
vegetare (2)
vegliare (93)
veicolare (2)
velare (2)
veleggiare (54)

vellicare (13)
venare (2)
vendemmiare (93)
vendere (23)
vendicare (13)
vendicchiare (93)
venerare (2)
venire (102)
ventilare (2)
verbalizzare (2)
verdeggiare (54)
vergare (61)
vergognarsi (2)
verificare (13)
verniciare (15)
versare (2)
verseggiare (54)
versificare (13)
vertere (23)
verticalizzare (2)
vessare (2)
vestire (63)
vetrificare (13)
vetrioleggiare (54)
vettovagliare (93)
vezzeggiare (54)
viaggiare (54)
vibrare (2)
vidimare (2)
vietare (2)
vigere (103)
vigilare (2)
vigoreggiare (54)
vilipendere (72)
villeggiare (54)
vincere (104)
vincolare (2)
vinificare (13)
violare (2)
violentare (2)

virare (2)
virgolettare (2)
virilizzare (2)
visionare (2)
visitare (2)
vistare (2)
visualizzare (2)
vitalizzare (2)
vitaminizzare (2)
vituperare (2)
vivacchiare (93)
vivacizzare (2)
vivere (105)
vivificare (13)
vivisezionare (2)
vivucchiare (93)
viziare (93)
vocalizzare (2)
vociare (15)
vociferare (2)
vogare (61)
volantinare (2)
volare (2)
volatilizzare (2)
volatizzare (2)
volere (106)
volgare (61)
volgarizzare (2)
volgere (107)
volicchiare (93)
volitare (2)
voltare (2)
volteggiare (54)
voltolare (2)
vomitare (2)
vorticare (13)
votare (2)
vulcanizzare (2)
vulnerare (2)
vuotare (2)

xerocopiare (93)
zaffare (2)
zampare (2)
zampettare (2)
zampillare (2)
zappare (2)
zappettare (2)
zapponare (2)
zavorrare (2)
zigare (61)
zigrinare (2)
zigzagare (61)
zincare (13)
zittire (11)
zoccolare (2)
zolfare (2)
zompare (2)
zonizzare (2)
zoppicare (13)
zuccherare (2)
zufolare (2)

Compound Tenses
with *avere* as auxiliary verb

abitare

INDICATIVO			
Passato Prossimo		**Trapassato Remoto**	
ho	abitato	ebbi	abitato
hai	abitato	avesti	abitato
ha	abitato	ebbe	abitato
abbiamo	abitato	avemmo	abitato
avete	abitato	aveste	abitato
hanno	abitato	ebbero	abitato
Trapassato Prossimo		**Futuro Anteriore**	
avevo	abitato	avrò	abitato
avevi	abitato	avrai	abitato
aveva	abitato	avrà	abitato
avevamo	abitato	avremo	abitato
avevate	abitato	avrete	abitato
avevano	abitato	avranno	abitato
CONGIUNTIVO			
Passato		**Trapassato**	
abbia	abitato	avessi	abitato
abbia	abitato	avessi	abitato
abbia	abitato	avesse	abitato
abbiamo	abitato	avessimo	abitato
abbiate	abitato	aveste	abitato
abbiano	abitato	avessero	abitato
CONDIZIONALE PASSATO			
avrei	abitato		
avresti	abitato		
avrebbe	abitato		
avremmo	abitato		
avreste	abitato		
avrebbero	abitato		

Compound Tenses
with *essere* as auxiliary verb

venire

INDICATIVO			
Passato Prossimo		**Trapassato Remoto**	
sono	venuto/a	fui	venuto/a
sei	venuto/a	fosti	venuto/a
è	venuto/a	fu	venuto/a
siamo	venuti/e	fummo	venuti/e
siete	venuti/e	foste	venuti/e
sono	venuti/e	furono	venuti/e
Trapassato Prossimo		**Futuro Anteriore**	
ero	venuto/a	sarò	venuto/a
eri	venuto/a	sarai	venuto/a
era	venuto/a	sarà	venuto/a
eravamo	venuti/e	saremo	venuti/e
eravate	venuti/e	sarete	venuti/e
erano	venuti/e	saranno	venuti/e
CONGIUNTIVO			
Passato		**Trapassato**	
sia	venuto/a	fossi	venuto/a
sia	venuto/a	fossi	venuto/a
sia	venuto/a	fosse	venuto/a
siamo	venuti/e	fossimo	venuti/e
siate	venuti/e	foste	venuti/e
siano	venuti/e	fossero	venuti/e
CONDIZIONALE PASSATO			
sarei	venuto/a		
saresti	venuto/a		
sarebbe	venuto/a		
saremmo	venuti/e		
sareste	venuti/e		
sarebbero	venuti/e		

Full Conjugation of
Passive Voice (Forma Passiva)

essere amato

INDICATIVO				
Presente		**Passato prossimo**		
sono	amato/a	sono	stato/a	amato/a
sei	amato/a	sei	stato/a	amato/a
è	amato/a	è	stato/a	amato/a
siamo	amati/e	siamo	stati/e	amati/e
siete	amati/e	siete	stati/e	amati/e
sono	amati/e	sono	stati/e	amati/e
Imperfetto		**Trapassato Prossimo**		
ero	amato/a	ero	stato/a	amato/a
eri	amato/a	eri	stato/a	amato/a
era	amato/a	era	stato/a	amato/a
eravamo	amati/e	eravamo	stati/e	amati/e
eravate	amati/e	eravate	stati/e	amati/e
erano	amati/e	erano	stati/e	amati/e
Passato Remoto		**Trapassato Remoto**		
fui	amato/a	fui	stato/a	amato/a
fosti	amato/a	fosti	stato/a	amato/a
fu	amato/a	fu	stato/a	amato/a
fummo	amati/e	fummo	stati/e	amati/e
foste	amati/e	foste	stati/e	amati/e
furono	amati/e	furono	stati/e	amati/e
Futuro Semplice		**Futuro Anteriore**		
sarò	amato/a	sarò	stato/a	amato/a
sarai	amato/a	sarai	stato/a	amato/a
sarà	amato/a	sarà	stato/a	amato/a
saremo	amati/e	saremo	stati/e	amati/e
sarete	amati/e	sarete	stati/e	amati/e
saranno	amati/e	saranno	stati/e	amati/e

CONGIUNTIVO			
Presente		**Passato**	
sia	amato/a	sia	stato/a amato/a
sia	amato/a	sia	stato/a amato/a
sia	amato/a	sia	stato/a amato/a
siamo	amati/e	siamo	stati/e amati/e
siate	amati/e	siate	stati/e amati/e
siano	amati/e	siano	stati/e amati/e
Imperfetto		**Trapassato**	
fossi	amato/a	fossi	stato/a amato/a
fossi	amato/a	fossi	stato/a amato/a
fosse	amato/a	fosse	stato/a amato/a
fossimo	amati/e	fossimo	stati/e amati/e
foste	amati/e	foste	stati/e amati/e
fossero	amati/e	fossero	stati/e amati/e

CONDIZIONALE			
Presente		**Passato**	
sarei	amato/a	sarei	stato/a amato/a
saresti	amato/a	saresti	stato/a amato/a
sarebbe	amato/a	sarebbe	stato/a amato/a
saremmo	amati/e	saremmo	stati/e amati/e
sareste	amati/e	sareste	stati/e amati/e
sarebbero	amati/e	sarebbero	stati/e amati/e

IMPERATIVO	
-	-
sii	amato/a
sia	amato/a
siamo	amati/e
siate	amati/e
siano	amati/e

PARTICIPIO		GERUNDIO	
Presente	**Passato**	**Presente**	**Passato**
-	stato amato	essendo amato	essendo stato amato

Full Conjugation of
Reflexive Verbs (Verbi Riflessivi)

alzarsi

INDICATIVO			
Presente		**Passato Prossimo**	
mi	alzo	mi	sono alzato/a
ti	alzi	ti	sei alzato/a
si	alza	si	è alzato/a
ci	alziamo	ci	siamo alzati/e
vi	alzate	vi	siete alzati/e
si	alzano	si	sono alzati/e
Imperfetto		**Trapassato Prossimo**	
mi	alzavo	mi	ero alzato/a
ti	alzavi	ti	eri alzato/a
si	alzava	si	era alzato/a
ci	alzavamo	ci	eravamo alzati/e
vi	alzavate	vi	eravate alzati/e
si	alzavano	si	erano alzati/e
Passato Remoto		**Trapassato Remoto**	
mi	alzai	mi	fui alzato/a
ti	alzasti	ti	fosti alzato/a
si	alzò	si	fu alzato/a
ci	alzammo	ci	fummo alzati/e
vi	alzaste	vi	foste alzati/e
si	alzarono	si	furono alzati/e
Futuro Semplice		**Futuro Anteriore**	
mi	alzerò	mi	sarò alzato/a
ti	alzerai	ti	sarai alzato/a
si	alzerà	si	sarà alzato/a
ci	alzeremo	ci	saremo alzati/e
vi	alzerete	vi	sarete alzati/e
si	alzeranno	si	saranno alzati/e

185

CONGIUNTIVO				
Presente		Passato		
mi	alzi	mi	sia	alzato/a
ti	alzi	ti	sia	alzato/a
si	alzi	si	sia	alzato/a
ci	alziamo	ci	siamo	alzati/e
vi	alziate	vi	siate	alzati/e
si	alzino	si	siano	alzati/e
Imperfetto		Trapassato		
mi	alzassi	mi	fossi	alzato/a
ti	alzassi	ti	fossi	alzato/a
si	alzasse	si	fosse	alzato/a
ci	alzassimo	ci	fossimo	alzati/e
vi	alzaste	vi	foste	alzati/e
si	alzassero	si	fossero	alzati/e
CONDIZIONALE				
Presente		Passato		
mi	alzerei	mi	sarei	alzato/a
ti	alzeresti	ti	saresti	alzato/a
si	alzerebbe	si	sarebbe	alzato/a
ci	alzeremmo	ci	saremmo	alzati/e
vi	alzereste	vi	sareste	alzati/e
si	alzerebbero	si	sarebbero	alzati/e

IMPERATIVO
-
alzati
si alzi
alziamoci
alzatevi
si alzino

PARTICIPIO		GERUNDIO	
Presente	Passato	Presente	Passato
alzantesi	alzatosi	alzandosi	essendosi alzato/a

Full Conjugation of *avere*

avere

INDICATIVO		
Presente	Passato Prossimo	
ho	ho	avuto
hai	hai	avuto
ha	ha	avuto
abbiamo	abbiamo	avuto
avete	avete	avuto
hanno	hanno	avuto
Imperfetto	Trapassato Prossimo	
avevo	avevo	avuto
avevi	avevi	avuto
aveva	aveva	avuto
avevamo	avevamo	avuto
avevate	avevate	avuto
avevano	avevano	avuto
Passato Remoto	Trapassato Remoto	
ebbi	ebbi	avuto
avesti	avesti	avuto
ebbe	ebbe	avuto
avemmo	avemmo	avuto
aveste	aveste	avuto
ebbero	ebbero	avuto
Futuro Semplice	Futuro Anteriore	
avrò	avrò	avuto
avrai	avrai	avuto
avrà	avrà	avuto
avremo	avremo	avuto
avrete	avrete	avuto
avranno	avranno	avuto

CONGIUNTIVO		
Presente	Passato	
abbia	abbia	avuto
abbia	abbia	avuto
abbia	abbia	avuto
abbiamo	abbiamo	avuto
abbiate	abbiate	avuto
abbiano	abbiano	avuto
Imperfetto	Trapassato	
avessi	avessi	avuto
avessi	avessi	avuto
avesse	avesse	avuto
avessimo	avessimo	avuto
aveste	aveste	avuto
avessero	avessero	avuto

CONDIZIONALE		
Presente	Passato	
avrei	avrei	avuto
avresti	avresti	avuto
avrebbe	avrebbe	avuto
avremmo	avremmo	avuto
avreste	avreste	avuto
avrebbero	avrebbero	avuto

IMPERATIVO
-
abbi
abbia
abbiamo
abbiate
abbiano

PARTICIPIO		GERUNDIO	
Presente	Passato	Presente	Passato
avente	avuto	avendo	avendo avuto

Full Conjugation of *essere*

essere

INDICATIVO		
Presente	Passato Prossimo	
sono	sono	stato/a
sei	sei	stato/a
è	è	stato/a
siamo	siamo	stati/e
siete	siete	stati/e
sono	sono	stati/e
Imperfetto	Trapassato Prossimo	
ero	ero	stato/a
eri	eri	stato/a
era	era	stato/a
eravamo	eravamo	stati/e
eravate	eravate	stati/e
erano	erano	stati/e
Passato Remoto	Trapassato Remoto	
fui	fui	stato/a
fosti	fosti	stato/a
fu	fu	stato/a
fummo	fummo	stati/e
foste	foste	stati/e
furono	furono	stati/e
Futuro Semplice	Futuro Anteriore	
sarò	sarò	stato/a
sarai	sarai	stato/a
sarà	sarà	stato/a
saremo	saremo	stati/e
sarete	sarete	stati/e
saranno	saranno	stati/e

CONGIUNTIVO	
Presente	Passato
sia	sia stato/a
sia	sia stato/a
sia	sia stato/a
siamo	siamo stati/e
siate	siate stati/e
siano	siano stati/e
Imperfetto	Trapassato
fossi	fossi stato/a
fossi	fossi stato/a
fosse	fosse stato/a
fossimo	fossimo stati/e
foste	foste stati/e
fossero	fossero stati/e

CONDIZIONALE	
Presente	Passato
sarei	sarei stato/a
saresti	saresti stato/a
sarebbe	sarebbe stato/a
saremmo	saremmo stati/e
sareste	sareste stati/e
sarebbero	sarebbero stati/e

IMPERATIVO
-
sii
sia
siamo
siate
siano

PARTICIPIO		GERUNDIO	
Presente	Passato	Presente	Passato
essente	stato	essendo	essendo stato

Defective Verbs (Verbi Difettivi)

The following verbs are defective, which mean they are not used in certain tenses:

addire
affarsi
aggradare
angere
arrogere
aulire
bisognare
calere
competere
concernere
controvertere
convellere
convergere
delinquere
dirimere
disaggradare

discernere
distare
divedere
divergere
esimere
estollere
estrovertere
fervere
fulgere
impellere
incombere
ire
lucere
malandare
malvolere
molcere

negligere
ostare
piovere
prudere
rilucere
ripiovere
risplendere
spiovere
splendere
stridere
tangere
urgere
vertere
vigere